Rolf Friedrich Schuett

Am meisten verwirren uns Klarheit und Ordnung

An Abgründen lässt sich leider nicht üben

R o l f F r i e d r i c h S c h u e t t

Am meisten verwirren uns Klarheit und Ordnung

An Abgründen lässt sich leider nicht üben

Bibliographische Information Der Deutschen Bibliothek:
Die Deutsche Bibliothek verzeichnet diese Publikation
in der Deutschen Nationalbibliographie; detaillierte
bibliographische Daten sind im Internet abrufbar über
http:// dnb.ddb.de

Herstellung und Verlag :
BoD – Books on Demand, Norderstedt

Cover-Zeichnung : R. F. Schuett

Printed in Germany

ISBN 978-3-7568-0038-4

INHALT

Für Elke
in Liebe und Dankbarkeit

Wie verlängern sich Papierkriege?

So hatte es Heraklit nicht gemeint, doch griechisch "polemos" ist ja auch der vorbereitende oder warnende Papierkrieg der Polemiker, nicht nur der Eroberungskrieg der Soldaten und Feldherren.

Papierkrieg ist nicht nur bürokratische Schriftflut, sondern auch die Fechtkunst der Ideologen und ihrer Todfeinde auf weißem Bogen oder elektronischem Bildschirm. Manche lieben Streitgespräche von Angesicht zu Angesicht, im Wohnzimmer oder Fernsehstudio, aber das ist nicht die Königsdisziplin der geistigen Auseinandersetzung durch Zusammensitzen. Wahre Mündigkeit äußert sich schriftlich, nicht in lautstarken Quasselbuden oder in voreiligem Praktikergetue.

Polemische Papierkriege haben hierzulande einen schlechten Ruf und eine schlechte Presse. Hierzulande liebt man den möglichst prompten "Konsens" statt genüsslich ausgesponnene Konflikte. Handeln, nicht reden, lautet die monotone Dauerdevise, und die Handlungen sind dann ja auch danach : Blinder Aktionismus, fahriges Herumwerkeln an Symptomen, permanente Verschlimmbesserungen, und das alles nur, um nicht nachdenken und niederschreiben zu müssen. Das Kriegsziel polemischer Papierkriege sollte nicht friedfertiger Kompromisskonsens sein, um brutwarme Gemeinschaft Gleichgesinnter herzustellen, sondern im Gegenteil erst einmal geduldig alle verborgenen Widersprüche ans Licht zu bringen und harten Dissens herauszuarbeiten. Intellektuelle gelten allgemein geradezu als papierkriegslüsterne Einzelkämpfer.

Diese Kuli- oder Tastatur-Bellizisten haben den miesen Ruf von professionellen Meckerfritzen und Praxismuckern. Zumeist ist es pures Ressentiment, das die hohe Kunst intellektueller Papierkriege und schriftlicher Klopffechtereien abwerten muss, um das "gesunde Volksempfinden" des geisteskranken Menschenverstandes dagegen ins Feld führen zu können. Gedankenreiche Papierkriege lassen sich in die Länge ziehen, indem man in jedem erzielten Sozialkonsens den nur zugedeckten Konflikt aufspürt und zu Bewusstsein bringt. Kontrahenten und Kombattanten sollten sich endlich einmal endlos auf gedrucktem Papier austoben dürfen, statt sich feig in pragmatistische "Taten" zu flüchten, die fast immer nur kollektive Untaten sind statt wohlweislich innehaltende Untätigkeit.

Polemische Papierkriege zwischen Individuen sind kein leeres Glasperlenspiel l'art-pour-l'art, sondern gerade hierzulande richtiger und wichtiger als die übliche Bastelmanie und kollektive Werkelwut des "friedlichen" Konsensnonsens.

Warum sollte öffentlich-demokratischer Papierkrieg weiter verkürzt werden?

Dante Aligheri musste erst als politischer Tatmensch im mediceischen Florenz scheitern, um als Papierkrieger im Exil "Die Göttliche Komödie" schreiben zu können.

"Guarda e passa!" (Sieh hin und geh weiter!)

Der Terror-Puritaner **John Milton** musste erst als Cromwell-Republikaner scheitern, um als erblindeter "Independent" sein "Paradise Lost" schreiben zu können, wo Satan (Cromwell) interessanter ist als sein ewiger Gegenspieler.

Der Herzog **Larochefoucauld** musste erst als politischer Frondeur gegen den Versailler Absolutisten Ludwig IV. scheitern, um als Papierkrieger die unsterblichen 500 Aphorismen seiner "Maximen und Reflexionen" im Pariser Salon verfassen zu können.

Q. e. d.

Ideen an der Zeit und an der Macht

„Nichts auf der Welt ist so mächtig wie eine Idee, deren Zeit gekommen ist." *(Victor Hugo)*

Der Satz ist so pathetisch windbeutelhaft wie vieles, das dieser bis heute in Frankreich kanonisierte Autor geschrieben hat. Am mächtigsten ist eine Idee, deren Zeit gekommen ist, aber ihre Zeit ist eben genau dann gekommen, wenn sie an die Macht gekommen ist : eine Tautologie, bombastisch leeres Schaumgebäck. Diese Kumpanei von Macht und Geist ist das Wesen jedes „Zeitgeistes" (an dem aber auch gar nichts stimmt, ist er doch stets so zeitlos wie geistlos).

Für seine Zeitgenossen ist ihr (Hegelscher) Zeitgeist fast ungreifbar, stecken sie doch selbst bis zu den Ohren tief darin und sehen ihn selten von außen. Mit den Mitteln eines Zeitgeistes ist dieser Zeitgeist weder zu durchschauen noch in seiner Macht zu brechen. Dazu muss man erst aus dessen vorherrschenden Jargon heraustreten, der von den jeweiligen Medien gesprochen wird, die laut *Adorno* das Wesen der Gesellschaft ausmachen. (Der glatte Jargon unserer Zeit stammt im Wesentlichen von Journalisten, die tendenziell alles in ihren sprachlichen Einheitsbrei auflösen.)

Und wenn die Lektüre der großen „verstaubten Klassiker" irgendeinen Sinn macht, dann den, ihren Leser aus der Tyrannei seines Zeitgeistes wenigstens hin und wieder zu befreien, wie *Chesterton* schrieb, und diesen Zeitgeist in seiner flexiblen Borniertheit von außen sehen zu lernen.

Auch unser Zeitgeist redet über alles, zerredet alles unter den Teppich, grabscht alles an mit seinen Fettfingern, weiß zu allem seinen Senf zu geben und verschweigt dadurch, was er alles totschweigen muss, um uneingeschränkt in seiner Beschränktheit zu herrschen. Kurz : Der dominierende Zeitgeist ist die jeweilige Ideologie der Epoche, ihr „notwendig falsches Bewusstsein und Selbstbewusstsein" *(Karl Marx).*

Einige Stichworte unseres Zeitgeistes sind z. B. „Frieden und Freiheit" (statt vormals *law and order),* (mittelständischer) Gender-Feminismus oder (ökopsychotischer) „Klimawandel", auch (neoliberale) „Globalisierung", „Digitalisierung" und auch „Künstliche Intelligenz". Und natürlich „Freiheit" selbst, also heute unbelehrbarste Orientierungslosigkeit und wahllose Beliebigkeit, die sich von Trieben treiben lässt, eine Autokratie der faulsten Launen. Dieser Zeitgeist, der an der Macht ist, besteht aus den mächtigsten Ideen, die an der Zeit sind, und diese beinahe immer nachweislich grundfalschen „Ideen" stammen nicht von *Platon* oder *Kant*, sondern von machtbewussten Ideologen und ehrgeizigen Stichwortgebern.

Aber, so wird man einwenden, was ist z. B. mit der *Menschenwürde* und den demokratischen *Menschenrechten*? Das wenigstens sind doch wohl keine bloßen Zeitideologien, oder? Nein, aber es sind nicht viel mehr als klangvolle Utopien, die nirgendwo anders zu Hause sind als in Utopia. Und die vielbeschworene *Menschenwürde* wird eben zumeist gar nicht angetastet, sondern gar nicht beachtet. Wo sie mal beachtet wird, wo die Menschenrechte mal in Kraft sind, handelt es sich fast stets um Ausnahmen von der Faustregel, dass sie schöne Utopien bleiben, an denen wir uns berauschen wie *Victor Hugo* an der nachklassischen Romantik, der „Kommunikation mit dem Unendlichen".

Und was ist mit dem Autor des Bonmots selber? Der Mann hatte die französische Romantik des 19. Jahrhunderts beherrscht. *Sartre* bewunderte seine demonstrative Dauerhaltung. (Sah Sartre sich als ein Hugo des 20. Jahrhunderts, während er in Wirklichkeit eher ein engagierter Happeningkünstler war, der zeitlebens den *Flaubert* in sich vergebens bekämpfte, also den Sieg des bloß Imaginären über die Realität, der künstlerischen Einbildungskraft über die politische Urteilskraft?)

Hugo war vom romantischen Royalisten, der *Chateaubriand* kopierte, eines Tages zum liberalen Republikaner konvertiert und blieb doch – wie Sartre – zeitlebens ein unheilbarer Sozialromantiker. Der einstige Bewunderer des Bürgerkönigs *Louis Napoléon* verbannte sich nach dessen diktatorischem Staatsstreich freiwillig auf die englische Insel Jersey, von wo er nach achtzehn Jahren im Triumphzug wieder nach Paris zurückkehrte in die Dritte Republik – fast ein Remake der hochwirksamen Geste Voltaires.

Seine heißgeliebte Tochter ertrank in der Seine drei Tage nach ihrer Hochzeit. Davon erholte sich Vater Hugo niemals, machte aus seiner Not aber eine fragwürdige Tugend, denn seine Dichtung erging sich von da an in einer Pose des ästhetischen Sehertums, das kumpelhaft mit den Geistern der großen Toten aller Traditionen verkehrte, in einer opulenten Literatenmystik ohne Gott, ein rhetorischer Schamane, der sich mythische Kompetenz nur andichtete. Die stille Romantik eines *Novalis* oder *Eichendorff* wurde bei ihm zum Drogenrausch enthemmter Sprachmagie, die betörende Stimmungsvaleurs und atmosphärische Nuancen mixte, ein hochartifizielles Gebräu aus Sprachartistik und Pseudoreligion, das viele Bewunderer, Verehrer und Nachahmer fand. Hugo verkörperte sehr gut das, was *Egon Friedell* in seiner „Kulturgeschichte der Neuzeit" zum Wesen der französischen Kultur komprimierte, „Pedanterie der Narrheit", wo der cartesianische Rationalismus die bloße Rolle der deutschen Romantik spielt (wie das Barockzeitalter ein Hyperrationalismus gewesen war, der den Irrationalismus nur mimte).

Das Geistreiche, das sich selbst ad absurdum führt, wird sein eigenes Tollhaus. Hugo trieb die rationalistische Clarté bis zur obskurantistischen Konsequenz des Spiritismus, der im Geisterreich schwelgt und herumspukt, und das alles mit großer republikanischer Suada, mit römischem Faltenwurf der hohenpriesterlichen Dichtertoga.

„Nichts auf der Welt ist so mächtig

wie eine Idee, deren Zeit gekommen ist."

Wie verkürzen oder verlängern sich Kriege?

Kriege werden geführt zwischen selbständigen Staaten mit ihren eventuellen Verbündeten. (Ein zwischenstaatlich anerkannter Staat ist ein institutionell auf Dauer gestellter Menschenverbund, der nicht nur feste Zwecke erfüllen muss, sondern vor allem beliebig wählbare Zwecke erfüllen kann, also zweckoffenes Gesamtpotential bleibt.)

Ein Krieg verlängert sich gewöhnlich so lange, bis eine der kriegsführenden Parteien samt ihren Verbündeten einen Sieg errungen hat und den Unterlegenen zur Kapitulation oder auch zu Friedensverhandlungen zwingen kann. Unterschieden wird meist zwischen bösen Angriffskriegen und guten Selbstverteidigungskriegen. Ewiger Krieg ist ein Selbstwiderspruch, heißt es. Der Staatsrechtslehrer Thomas Hobbes allerdings hielt „Krieg aller gegen alle" für den rohen Naturzustand, der nur durch den menschlichen „Leviathan" Staat zu beenden sei: Allgemeiner Tausch von Schutz gegen Gehorsam.

Krieg sollte einen klaren Beginn, Verlauf und Schluss haben. Seine Länge bemisst sich i. A. nach Widerstandskraft und Widerstandswillen des jeweiligen Gegners. Entscheidend sollte sein, ob die Bevölkerung eines angegriffenen Landes mehrheitlich einen Verteidigungskrieg und dessen Fortsetzung bis zum Erfolg wünscht oder sich für Friedensdiktate eines überlegenen Gegners entscheidet, also für bedingte oder bedingungslose Kapitulation, mit der oft der Status eines abhängigen Vasallenstaates plus Sklavenarbeit und Ausplünderung droht.

Bedingungsloser Pazifismus fürchtet Krieg mehr als Arbeitssklaverei für den Sieger, der Bellizismus hingegen ist meist beutegierige Angriffskriegslust. Umstritten ist der Angriff als beste Verteidigung, um einem überlegenen Gegner durch Überrumpelungen zuvorzukommen. Schlimme Angriffskriege legitimieren sich gern ideologisch als heldenschöne Selbstverteidigungskriege.

Die antiken Römer hatten von *Platon* die Devise: Willst du den Frieden, dann rüste zum Krieg. Allein das militärische „Gleichgewicht der gegenseitigen Abschreckung" verhindere den Gewaltausbruch von Kriegshandlungen. „Ent-rüstung" gegen jeden Krieg entwaffne sich selbst und suche den Todfeind durch demonstrative Unterwerfungsgesten zu entwaffnen und zu beschämen : Devise sowohl der Christen wie der Feiglinge. Widersteht nicht dem Bösen, um es nicht zu stärken! „Das sammelt glühende Kohlen auf ihr Haupt".

An künstlichen Kriegsverlängerungen, die nicht nur die Niederlage bis zu einer Kriegswende hinausschieben wollen, können allein Waffenindustrien interessiert sein, heißt es oft. Aber ständig zündeln kann man natürlich auch, um ganze Regionen und ihre Machtsysteme gezielt destabilisiert und geschwächt zu halten, was wertvolle Ressourcen dauerhaft bindet.

Abschaffen lässt sich der Krieg nicht, und als die Ultima Ratio ist er sogar unentbehrlich, denn "der Mensch ist böse von Jugend auf".

Ohne die beiden US-Atombomben auf das dann bedingungslos kapitulierende Japan hätte der Zweite Weltkrieg sich noch unabsehbar länger hingezogen, mit unzähligen weiteren Todesopfern unter Soldaten und Zivilisten : Eine schreckliche Verstandesrechnung, aber nicht ohne eigene menschliche Logik. Und durch atomwaffenbestückte V2-Raketen hätte auch New York mit totaler Auslöschung bedroht werden können.

„Der Krieg ernährt sich selbst." Unser Thema lässt sich schwer abhandeln ohne einige allgemeinere Anmerkungen zu Tolstois "Krieg und Frieden". Der Himmel und die Menschen wollen Frieden, aber oft nicht um jeden Preis. Der Friede heißt auch „ewiger Arbeitsfriede“, wo uns regelmäßig nach einiger Zeit die Produkte unserer eigenen Arbeit über den Kopf in den Himmel wachsen und wir vom Riesenberg unserer eigenen Werke erdrückt zu werden drohen. Sobald das Unrecht aller „Werke des Friedens“ zum Himmel schreit, greift der Himmel selber ein.

„Auf Erden wird keine Schlacht geschlagen, die nicht zuvor im Himmel geschlagen wurde.“ *(Gilbert Chesterton).* Nur der Himmel wendet und entscheidet das Kriegsglück. Wer den „HErrn der (himmlischen und irdischen) Heerscharen“ auf seiner Seite hat, siegt oder gewinnt. Nur der Bund mit dem Allmächtigen hilft den Schmächtigen gegen alle Mächtigen der Welt. (Deshalb empfahl der große Prophet Jeremia seinem König seinerzeit kein Bündnis mit Ägypten gegen das übermächtige Assur, sondern allein Vertrauen auf den bewährten himmlischen „Exodus aus dem ägyptischen Sklavenhaus“.) „Wer verliert, gewinnt.“ Deutschland habe den Weltkrieg verloren und den Frieden gewonnen, sagt man. Es gibt ein ebenso altes wie berühmtes vorsokratisches Fragment : „Der Krieg ist der Vater aller Dinge und der König aller. Die einen macht er zu Göttern, die anderen zu Menschen, die einen zu Sklaven, die andern zu Freien.“ *(Heraklit,* um 500 v.

Chr.) – Das ist ebenso wahr, wie es den meisten Menschen nicht schmecken wird – auch mir nicht. Die Menschen wollen Frieden, um mehr oder weniger jeden Preis, doch der Himmel weiß es besser. Er sät Zwietracht, um den sinnlosen Arbeitsfrieden des ewigen Fortschritts zu behindern und zu verhindern. In schöner Regelmäßigkeit zerstört er alle Friedenswerke, den himmelstürmenden „Turm zu Babel", die „Hure Babylon" der sesshaft feudalen Agrar- und Industriekulturen. Hasst der Himmel die menschlichen Hochkulturen, welche seine Schöpfung herabsetzen zum bloßen Rohmaterial verschlimmbessernder Schöpfungen der Geschöpfe?

Wahrscheinlich liegt sogar der Ursprung des Geldes im Krieg, denn das erste Geld war vermutlich ein Kriegskredit, der dann mit überreichlicher Kriegsbeute bezahlt werden konnte.

Der Krieg ist der Vater aller Dinge, der bösesten wie der besten. Er ist der effektivste Modernisierungsmotor und *Slum Clearer* jeder Zivilisation schlechthin, ob es einem passt oder nicht. Nützliche Alltagsdinge sind allzu häufig bloße Abfallprodukte technischer Waffenentwicklungen, und gegen übermächtige Tyrann(ei)en und ihren „ewigen Arbeitsfrieden" helfen nur Kriege. Deren Drohung muss als Ultima Ratio und Damoklesschwert ständig über unseren Häuptern bleiben, um das Schlimmste zu verhüten. Der Krieg hat seine eigene Vernunft gegen unsere arbeitswütige Friedensvernunft, als „Geißel und Zuchtrute des Himmels", wenn alle anderen Drohungen und Ermahnungen nichts mehr fruchten. Wenn die Mächtigen nur noch irdische Justiz zu fürchten haben und kein Jüngstes Gericht, ist ihrem Übermut nichts mehr gewachsen.

Der Ewige ist der Vater aller Dinge,
„der Krieg ist der Vater aller Dinge".

Der gerechteste oder einzige "gerechte Krieg" der Weltgeschichte war laut *Adorno* der zweijährige Aufstand des thrakischen Sklaven *Spartakus* und seiner Gladiatoren gegen das Römische Reich.

Ein Krieg gegen Gerechte oder gegen Ungerechte dauert so lange, wie der Himmel es für richtig hält, und Er kennt dein Herz besser als du selbst.

Als läge es in meiner oder unserer Hand,
ob es Kriege gibt!
Kriege gibt es nicht nur aus Gier,
Dummheit oder Bosheit.
Wer Fortschritt der Hochkulturen will,
will auch den Krieg, den "Vater aller Dinge".
"Ewiger Friede" endete stets in Tyranneien,
die zum Himmel schreien.
Kriege tyrannisieren und sind doch Ultima Ratio
gegen arbeitsfriedliche Totalitarismen. Es gibt
auch Vernichtungskraft ewigen Arbeitsfriedens.

LES VIEUX NOUVEAUX PHILOSOPHES

Claude Lévy-Strauss : Binäre Taxonomie zum Austausch von Gegensatzpaaren : Mann-Weib, Natur-Geist, roh-gekocht, nackt-bekleidet . . . Von der natürlichen Konsanguinität übers kulturelle Inzesttabu zur exogamen Allianz: Frauentausch. Sartre ? Ego cogito als Subjektivismus eines überverwöhnten Einzelkindes.

Jean Francois Lyotard : "Ökonomie des Wunsches" (1974 wie der 'Anti-Ödipus') : "Die arbeitslosen Engländer sind nicht zu Arbeitern geworden, um zu überleben, sie haben - haltet euch fest und verachtet mich meinetwegen - diese hysterische masochistische (und ich weiß nicht was sonst noch) Erschöpfung genossen; die haben es genossen, es in den Minen, in den Gießereien, den Fabriksälen, in der Hölle auszuhalten, sie haben die verrückte Zerstörung ihrer organischen Körper genossen, die ihnen auf gezwungen wurde, sie haben es genossen, dass sie ihnen auf gezwungen wurde." "Der Lohnarbeiter wird zu einer Art von verrücktem Gott, wenn sein Körper die Lust zulässt, die er aus den Maschinen bezieht und die er auf sie überträgt." — "Über die Stärke der Schwachen" : Plädoyer für die Sophistik der kleinen heidnischen Erzählungen gegen die große hierarchische Geschichte.

Edgar Morin sagt, das "unsere Welt ein Teil unserer Vision der Welt bildet, welche selbst wiederum einen Teil unserer Welt bildet." Seine Komplexitätsphilosophie korrigierte den Naturwissenschaftsreduktionismus.

Michel Serre : "Der Parasit" nimmt, ohne zu geben, und fördert die Ordnung, die er stört. Sartre sei kein großer Philosoph gewesen, da ohne enzyklopädisches Wissen. Die Natur- seien auf die Geisteswissenschaften abzubilden. Zolas Naturalismus war primär Physikalismus, literarische Verarbeitung der Thermodynamik: Gesetz von der Erhaltung der Gesamtenergie in allen Zustandsformen und Gesetz von der Entropie zum Verfall. Isomorphie von Physik und Kunst.

Philippe Sollers, Gatte von *Julia Kristeva*, war Avantgardist von TEL QUEL (1960 bis L´ INFINI. Faschist sei, wer Zensur übe, egal über was, auch über Faschismus. Freiheit der Pornographie als Gradmesser sozialer Freiheit. Hitler fand drei Autobahnen vor: Luther, Wagner — Marx, und gab Gas. Roman 'Femmes' : "Das Schicksal der Länder spielt sich nicht zwischen Pershing 2 und SS 20 ab, sondern im Bett."

Jean Baudrillard setzte ´weibliche´ Verführung, Ironie, Intensität, Zauberei, Zufälligkeit gegen ´männliche´ Produktion, Wahrheit, Moral, Sinnsuche, Dialektik, Transpa renz, Kommunikation, Information, Signifikanz, Finalität, Kausalität, Gesellschaft und Schicksalsmacht. Eva bleibe stets Herrin ihrer Unterwerfung; das Nichts in ihrem Leibe beherrsche das männliche Sein und Getue. Pornographie sei nur wahrer als wahr, aber Verführung sei falscher als falsch. Lasst euch verführen? Sein 'katastrophisches Denken' hat die 'fatale´ Strategie, das System zu bekämpfen, indem er es überbietet, zu Ende denkt, überholt und dadurch ad absurdum führt. Lieber Spielregeln der Herausforderung einhalten, als biblische Gesetze übertreten müssen. Sozialist. Wunschökonomie unterschätze 'Simulacres et Simulation'. B. will jouer statt jouir , séduction statt product.

Roland Barthes (gest. 1980) entdeckte in den 'Mythen des Alltags' die 'Lust am Zeichen' der Moden, er liebte die zur zweiten Natur gewordenen Symbole der Massenkultur. "Michelet" und "Über mich selbst" (1975) filtern durch Textrasterfahndung das Ich als 'Netz der Besessenheiten' heraus. Sprache sei faschistisch, und Literatur sei revolutionär.

Jaques Attali will den vollelektronischen Sozialismus nach der ´kannibalischen Ordnung´ der Götter, Körper, Maschinen und Gen-Codes. Kampf gegen die 'paramenschliche' Gen-Kopie der Normprofile: Elektronische Kreativität und Toleranz.

"Man brauchte doch besser wieder einen Kaiser und eine mehr am *ius talionis* orientierte, entschlossene Gerichtsbarkeit."
"Ich mag wohl ein kecker Schreiber sein (Bellen für Fortgeschrittene), aber wenn so eine Schote mal platzt, kriege ich es doch ziemlich mit der Angst zu tun. Ich bin ein schreckhafter Feigling, der sich hinter seinen kecken Famosschriften verschanzt und immer hofft, es möge noch mal gut ausgehen ... Und sub specie aeternitatis sowieso wurscht!" *(Th. Kapielski:* "Danach war schon ... Davor kommt noch – Gottesbeweise 1-13", Berlin 1999)
"Wir werden für unsere Aufgabe belastet, ... instrumentiert. Was das Gepäck für den Soldaten, war sein Buckel für Lichtenberg. Der war ihm lästig ... Aber, im Ganzen betrachtet, war er ihm notwendig. Den Buckligen wird eine geistige und erotische, besonders auch ironische Regsamkeit zugeschrieben ... Äsop, Scarron und Pope." *(Ernst Jünger:* "Autor und Autorschaft", Stuttgart 1984, S. 275)
"Den Bindungen ausweichen – eine Ehe, die das Werk fördert, zählt zu den seltenen Glücksfällen. Es ist ebenso wichtig, Dekor und Lasten einer bürgerlichen Existenz zu meiden, wie auch deren Provokation. Beides ist zeitraubend ... Kein Renten-, kein Versicherungsdenken; die Zeit wird mit dem Aufbau einer sozialen Maginotlinie vertan ... Zuletzt akzeptiert die Gesellschaft auch das ihr Unverträgliche, gemeindet es ein." (a. a. O., S. 273)

Das Rätsel aller Lösungen

Der Literaturwissenschaftler **Harald Fricke** definierte den Aphorismus als satirisches Zwergrätsel, dessen enigmatische Formulierung erst vom Leser entschlüsselt werden will.

Der Sozialphilosoph *Theodor W. Adorno* sah Kunstwerke selbst als abgründige Rätsel, deren offenkundige Unlösbarkeit zu ihren Qualitätssiegeln gehöre. An *Kafkas* Erzählwerken z.B. wird das sehr flagrant.

Manche Rätsel bleiben ungelöst, weil die Lösung vergessen oder verdrängt wurde. Der astronomische Steinkreis von **Stonehenge** führt in die Geheimnisse der Sternenkunde, der vermutlich ersten Urreligion, und Religion ist den aufgeklärten Aufklärern heute Hekuba.

Im nassen Black Hole des karibischen **Bermuda-Dreiecks** verschwindet vor allem der klare Verstand in okkulten Tiefen.

Mich interessiert das Außerweltliche mehr als das UFO-Außerirdische von US-**Roswell** mit seinen possierlichen Fantasy-Figuren.

Die sibirische **Tunguska**-Explosion vor einem Jahrhundert wird lieber auf Alien-Absturz zurückgeführt als auf einen Asteroideneinschlag, wie er vor 65 Millionen Jahren sogar die Dino-Kulturen weggefegt hatte, um den Säugetieren bis zum Homo sapiens Platz zu machen.

Die aus der Luft sichtbaren riesigen peruanischen **Nazca**-Linien dürfen natürlich keine religiösen Fruchtbarkeitsbitten an Himmlische gewesen sein während Klimaschwankungen, sondern Landebahnen für extraterrestrische Däniken-Besucher.

Dass ein chinesischer Riesenstein schon vor Jahrmillionen das Ende der heutigen KPC prophezeit habe, zeugt allerdings von rätselhafter Klarsicht eines vorzeitlichen Studenten-Ulks.

Dass die griechische Schiffsnavigationsmaschine von **Antikythera** als Rätsel empfunden wird, zeugt nur von der rätselhaften Ignoranz heutiger Aufklärer, war doch die Erde seit Jahrtausenden auf dem Seeweg längst voll erkundet gewesen, bevor europäische Konquistadoren sich für ihre goldgierigen Herrscher auf ihre imperialistischen Entdeckerreisen machten.

Dass ägyptische Hieroglyphen und Totengottbilder auf australischen Felswänden auftauchten, wird heute für ein Rätsel gehalten, aber dass ägyptische Pyramiden z. B. auch den Tempelpyramiden der mittelamerikanischen Mayas auffallend ähneln, wird ja alles andere als ein Zufall sein. Wikinger, Indonesier und Phönizier etwa waren schon Jahrtausende vor den Europäern über die Weltmeere gefahren und hatten alle Kontinente entdeckt und erforscht. Ihr Wissen ist mit ihnen untergegangen und wurde weniger von christlichen Missionaren als vom atheistischen Naturwissenschaftskonzept Europas gelöscht.

Das „Tor zur Welt der Götter“ am **Titicaca**-See muss für aufgeklärten Unverstand natürlich eher Science-Fiction-„Stargate“ gewesen sein, etc. etc.

Das alles sind nur oberflächliche Rätsel, wo zufällig einige Messdaten fehlen, oder offenbare Geheimnisse, welche lediglich eine Ignoranz unaufgeklärter Aufklärer von heute bekunden, die das Ur-Wissen der Naturvölker zu einer bloßen Vorform ihrer technologischen Überlegenheit machen wollen,

statt ihre Wissenschaft als späte Verfallsform dieses
fundamentalen und pragmatischen Urwissens zu
erkennen.

Es gibt aber auch andere Welträtsel,
deren Lösung nicht nur verdrängt wird.

„Cur potius aliquid quam nihil" : Warum ist
überhaupt irgendetwas und nicht vielmehr gar
nichts, fragte ein Gottfried **Leibniz** sich und uns,
weil ihn die scholastische Antwort des Mittelalters
nicht befriedigte. Jedes hat einen notwendigen und
hinreichenden Grund dafür, dass und was es ist,
besagt sein „Grande Principe", in dem **Kant** dann
nur einen transzendentalen Verstandesbegriff sehen
konnte, keinen Grundsatz für den transzendenten
Seinsgrund alles Seienden.

Dass er existierte, *dass* er unentrinnbar war, der
er war und kein anderer, *dass* er irgendwann noch
nicht war und einmal nicht mehr sein würde, blieb
einem denkenden Dichter wie Arthur **Schnitzler**
ein staunenswerteres Rätsel als ein vermeintliches
UFO von Alpha Centauri, um ihn zu erkunden oder
zu erledigen.

Albert **Einstein** wunderte sich zeitlebens echt philosophisch über das, was schon der Astronom Galileo **Galilei** formulierte : „Das Buch der Natur ist in mathematischen Lettern geschrieben." Ist aber die Mathematik so kontingent wie die ganze mathematisch erfassbare Welt? Warum bleibt die Mathematik dabei gleichwohl gewiss, aber leer, und die Physik ungewiss, aber realistisch?

(Rätselhaft ist eher, dass die Aufklärer bis heute der katholischen Inquisition jener Zeit vorwerfen, diesen großen Naturwissenschaftler mundtot gemacht zu haben. Der hochgebildete Kardinal Robert *Bellarmin*, der Galilei anhörte, hatte ihm angeboten, seine heliozentrische Hypothese als noch unbewiesene Theorie weiter veröffentlichen zu können. Tatsächlich war die Widerlegung des Geozentrismus damals - bis zu Kopernikus und Kepler - noch unbewiesen, aber Galilei bestand in eitler Selbstüberschätzung darauf, seine bloße Hypothese nicht als wahrscheinliche Hypothese, sondern weiterhin als bewiesene Tatsachenwahrheit zu verkünden. Die Kirche verhielt sich auch wissenschaftlich völlig korrekt, als sie von Galilei die Widerrufung seiner Scheinbeweise verlangte, um auf unwiderlegbare Beweise zu warten …)

Laut *Einstein* ist nichts unverständlicher und unfasslicher, als **dass** der Kosmos überhaupt mathematisch erfassbar und verständlich ist. Niemand kann sagen, wieso, warum und weshalb das so ist. Genau das ist jenes Staunen (thaumazein), mit dem nach *Aristoteles* alles Philosophieren anhebt. Der US-amerikanische Astrophysiker Max **Tegmark** vermutet sogar, das ganze Universum sei nichts als reale Mathematik. Ist es nur Zufall, dass alles mathematisch notwendig und beschreibbar ist, oder hat dieser „Zufall" auch noch andere Namen? Ein wirkliches und ungelöstes Welträtsel, dessen Unlösbarkeit sich vielleicht sogar beweisen ließe! Die mathematische (wie auch jegliche) Lösbarkeit vieler Rätsel ist das größte Rätsel. Das Rätsel aller Lösungen ist geheimnisvoller als die Rätsel selber.

Seine Lösbarkeit ist mysteriöser als das Rätsel.

Ist es wirklich noch natürlich, *dass* alles mit natürlichen Gründen zuzugehen scheint, oder ist das schon unnatürlich, widernatürlich und sogar übernatürlich?

Das Rätsel, wie lösbare Rätsel gefunden
und erfunden werden, ist ungelöst.

Religion ist der Hunger des vollen Magens
und das Rätsel aller Lösungen.

Das Rätsel des Lebens hat eine Lösung, keine
Frage: Es rät, die Existenz der Welt sei insgeheim
ein Geheimnis.

Wer keine Geheimnisse hat,
gibt mehr Rätsel auf.

Ich rate dir, verrate mir keine Lösungen, sondern
Rätsel, und rate deinen besten Lösungen, rätselhaft
zu bleiben.

Lüftet mal das Weltgeheimnis, warum es überhaupt oder von keinem zu lüften ist.

Traumdunkle Jugend will Aufklärung,
desillusioniertes Alter Geheimnis.

Neues Testament, unerlöstes Kreuzworträtsel?

Die Welträtsel löst nur, wer sie gar nicht kennt.

Am allerrätselhaftesten wäre wohl
die mathematische Lösung der Welträtsel.

Was der Aphorismus uns sagt,
bleibt sein Geheimnis.

Dass etwas ein Geheimnis sein soll,
muss vor allem geheim gehalten werden.
Etwa durch Offenheit.

Leistungs- und Geheimnisträger können dafür
nicht auch noch Risiko, Kosten und Verantwortung
tragen.

Es gibt noch keinen Tag der offenen Systeme,
Wunden, Rechnungen und Geheimnisse.

Mancher verändert die Welt nur,
damit Rätsel lösbar werden.

Wissenschaft sucht die Lösung aller Rätsel,
Philosophie findet das Rätsel aller Lösungen.

Gelöste Rätsel drücken oft mehr als unlösbare.

Eine Erklärung, die nicht rätselhafter macht,
was sie erklärt, müsste erklärt werden.

Vernunft löst unvernünftige Rätsel,
die Gesellschaft asoziale Probleme.

Für manche Welträtsel ist man zu dumm,
für andere nicht einfältig genug.

Eher löst sich ein Mensch auf in seine Bestand-
teile als ein Welträtsel in Wohlgefallen.

Tu etwas so oft, bis es dir vertraut ist, aber dann
noch einmal so oft, bis es dir rätselhafter wird als
am Anfang.

Gib dir einen Rat und ein Rätsel auf: Nichts ist
weniger banal als das einfachste Leben und nichts
komplizierter als das Triviale aller Logik.

Sehr viele Menschen sind nichts Besonderes.
Nur rätselhafte Werke eines unbekannten Genies.

Das Geheimnisvolle der Welt liegt gewiss in der
Ungewissheit, ob es überhaupt ein Geheimnis gibt.

Das unlösbare Rätsel aller Rätsellösungen
ist geheimnisvoller und unheimlicher
als die Rätsel selbst.

Die moderne Physik wirkt wie das Welträtsel,
für dessen Lösung sie sich hält.

Theologie heißt : Das All kennt noch Rätsel für
jede Lösung einer mathematischen Gleichung.

Geheimnisse der Macht, die man aufzudecken glaubt, sind gezielte Botschaften an Tölpel: Was wir herausfinden, das sollten wir finden, um anderes nicht zu suchen.

Warum hüten Wahrheiten oft besser
als Lügen unsere Geheimnisse?

Naturforscher fahnden nach letzten materiellen Ursachen aller Phänomene, als wäre die fassliche oder dunkle Materie letztlich nicht mysteriöser als eine unfassbare Intelligenz.

Buchthemen::
Neurosenkriege und Papierkrieg,
Machthunger und Wissensdurst,
Welträtsel und geheime Heimat,
Lebenskunst und Künstlerleben,
Gender und Genies,
Greis und Geist.

Mit verkehrten Verkehrsmitteln

Nennt ein altes Kamel
dich ein altes "Kamel"?
Es will dich nicht verletzen,
sondern nur damit ergetzen.
Doch ein Esel oder Affe?
Das gibt Rache mit der Waffe!

Nur Kamele fahren PKW,
Juchhe, dann Ach und Weh!
Geht´s auch an den Kragen,
sie lieben ihre Wagen,
für die sie alles wagen,
auch wo sie immer klagen.

Der alte weise Beduine
Reitet seine Limousine:
Kamele tanken nur Wasser,
sind keine Benzinverprasser,
billig, sanft und willig.

Mit Autos über die Piste?
Auf Kamelen durch die Wüste!
Im Auto ein Nomade?
Schade!

Euer Gnaden,
ihr Auto-Nomaden,
die ihr den PKW verehrt:
Wär's *PKamel* denn so verkehrt?

Quäle die Kamele,
liebe deine(n) Laster
genauso wie den Zaster,
und mach daraus kein Hehl,
GV-Mittel *Kamel:*
Zu Befehl!

„Se moquer de la philosophie, c´est vraiment
philosopher." *(Blaise Pascal)*

Spiegelei auf Schweinerei mit platten Ratten

Stadtratten sind Weicheier,
statt Ratten Vaterlandeier.
Wasserratte, Wanderratte
auf der nassen Badematte
in rattenscharfer Zuckerwatte
bringt dir die Pest
und gibt dir den Rest,
wenn du sie lässt:
Halte sie fest!
Ratpack at it's best
sind nur Leseratten.

Auf dem Land die Ratten,
in der Stadt die Ratten,
die satten und platten,
Bürger und Bauer,
dümmer und schlauer,
sesshaft sind beide,
ob Seide, ob Weide, ob Heide.

Doch Jäger und Sammler,
Neger und Gammler,
Fischer und Hirte
sind bessere Wirte,
denn weniger Schaden
hatten die Nomaden,
kein Sachschaden,
kein Dachschaden
im ganzen Laden:
Feinheit und Reinheit
zuletzt in der Steinzeit!

„Se moquer de la philosophie, c´est vraiment
philosopher." *(Blaise Pascal)*

Urlaub

fällt im Urlaub vom Baum,
man glaubt es doch kaum.
Im Urlaub bricht die Freiheit aus,
verlassen wir daheim das Haus
und lassen unsre Säue raus:
Leben in Saus und Braus,
über die Leber 'ne Laus,
auf Autobahnen nur Staus.

Sonne schenkte nie Wonne,
nur Krebs. Und fette Bäuche
am Strand, das nette Gekeuche.
Dreckschleuder „Traumschiff",
Schrottschleuder Raumschiff,
Spritfresser Flieger
und überall Betrüger …

Mordsspaß macht Heidenspaß,
Frust statt Lust, und das
ist Parole jeder Kapriole
(Pistol' auf Syn- und Diastole).
Mit Bombenstimmung belohnen
sich die geilen Sportskanonen.

Ich habe keine Meise
und geh auf keine Reise;
ich reise um mein Zimmer
mit meinem Frauenzimmer
und habe keinen Schimmer
von Ferien vom Streben,
vom (ST)Erben und vom Leben.

Büro träumt aus dem Fenster
und sieht Bürogespenster.
Schlaf dich frei in Arbeitszeiten
und schufte nur in Ferienzeiten!
Niemals Freizeit, wo ich schufte
jeden Tag für irre Schufte:
Ich arbeit′ nur in Ferien
und quäl' da die Arterien.

Sei kein wildes Arbeitstier,
mach ewig Urlaub auf Papier
und phantasier
dich weg von hier:
Hip, hip, hurra,
Urlaub in Utopia
im Kopf ohne Zopf
am Schopf, du Tropf
auf deinem Nachttopf!

JONATHAN SWIFT (1667 – 1745)

Wir haben gerade genug Religion in uns, um uns
zu hassen, aber nicht genug, um einander zu lieben.

Die Stoiker geben uns den Rat, unsere Bedürfnisse
zu befriedigen, indem wir unsere Wünsche ausschal-
ten. Ebenso könnten wir uns die Füße abschneiden,
wenn wir Schuhe brauchen.

Wenn ein Mann mit offenen Augen über die Straße
geht, wird er die heitersten Mienen
in Trauerkutschen beobachten können.

Jeder möchte lange leben,
aber keiner möchte alt sein.

Was sie im Himmel tun, wissen wir nicht;
was sie nicht tun, erzählt man uns ausdrücklich:
sie heiraten nicht und werden auch nicht verheiratet.

Manche Leute geben sich mehr Mühe,
ihre Weisheit zu verbergen als ihre Torheit

Die Klage ist der häufigste Zoll, der dem Himmel
entrichtet wird, und der aufrichtigste Teil unserer
Frömmigkeit.

Über eine Spur von Geist in einer Frau freuen wir
uns ebenso wie über ein paar Worte, die ein Papagei
richtig herausbringt.

Wenn ein Mann mich Abstand bewahren lässt,
habe ich den Trost, dass er ihn gleichzeitig
bewahren muss.

Wenn die Männer von Geist und Genie beschließen
würden, sich in ihren Werken niemals über Kritiker
zu beklagen, wüsste das nächste Zeitalter nicht einmal, dass es welche gegeben hat.

Stellen wir nicht immer wieder fest, wie leicht wir
uns unser Handeln, unsere Leidenschaft und sogar
die Schwäche unseres Fleisches verzeihen. Warum
wundern wir uns denn, dass wir uns unseren eigenen
Stumpfsinn verzeihen?

Elefanten werden immer kleiner,
Flöhe immer größer gezeichnet, als sie sind.

Kein Laster und keine Torheit verlangen so viel
Geschick und Sorgfalt wie die Eitelkeit; nichts wirkt
aber auch bei schlechter Aufmachung verächtlicher.

Die Beobachtung ist das Gedächtnis
des alten Mannes.

FRIEDRICH GEORG JÜNGER (1898 – 1977)

Niemand hat mehr Geist, als er Sprache hat.

In der Sprache liegt Männliches und Weibliches.
Man muss beides vereinen, wenn man in ihr zeugen
will.

Der Autor darf seinen Platz nicht dort suchen,
wo ihn der Leser hat.

Ein guter Satz hat viele Fenster.

Fähigkeit zur Kürze gibt nur die Kenntnis.

Niemand kann sich selbst ein Fest geben.

Ich kann nicht glauben, dass ich nichts weiß ...
Ich kann nicht wissen, dass ich nichts glaube.

Der Tod erscheint vielen unerträglich,
weil er Muße gewährt.

Das Werdende hat immer den Anschein
des Gesetzlosen.

WALTER BENJAMIN (1892 - 1940)

Gaben müssen den Beschenkten so tief betreffen,
dass er erschrickt.

Glücklich sein heißt ohne Schrecken seiner selbst
innewerden können.

Grundsatz der Werbung : ... siebenfach sich um die
stellen, die man begehrt.

Wer die Umgangsformen beachtet, aber die Lüge
verwirft, gleicht einem, der sich zwar modisch
kleidet, aber kein Hemd auf dem Leib trägt.

Dem Liebenden erscheint der geliebte Mensch
immer einsam.

Erinnerung sieht den geliebten Menschen
stets verkleinert.

Einen Menschen kennt einzig nur der,
welcher ohne Hoffnung ihn liebt.

Bücher und Dirnen haben seit jeher
eine unglückliche Liebe zueinander.

Lässt man sich mit ihnen ein, so merkt man erst,
wie eilig sie es haben. Sie zählen mit,
indem wir uns in sie vertiefen.

Das Werk ist die Totenmaske der Konzeption.

Der Ernährer aller Menschen ist Gott
und der Staat ihr Unterernährer.

Der Ausdruck der Leute, die sich in Gemäldegale-
rien bewegen, zeigt eine schlecht verhehlte Enttäu-
schung darüber, dass dort nur Bilder hängen.

Im Sommer fallen die dicken Menschen auf,
im Winter die dünnen.

Briefmarken sind die Visitenkarten, die die großen
Staaten in der Kinderstube abgeben.

Das Werk ist die Totenmaske der Konzeption.

Es gibt für die Menschen, wie sie heute sind,
nur eine radikale Neuigkeit – und das ist immer
die gleiche: der Tod.

„Aphoristiker schreiben über alles, und nichts ist
vor ihnen sicher. Sie verstehen von nichts etwas
und fühlen sich von niemandem verstanden.“

HANS KASPER (1916 – 1990)

Im Zeitalter der Spezialisten ersetzt
die Gefahrenzulage den Orden.

Columbus muss von Indien träumen,
um Amerika zu finden.

Die Zivilisation ist so manierlich,
dass selbst der Nächstenliebe ein *haut gout*
unerlaubter Leidenschaft anhaftet.

Faule Engel taugen weniger als fleißige Teufel.

Wo die Nächstenliebe nur darin besteht,
nichts Böses zu tun, ist sie von der Faulheit
kaum zu unterscheiden.

Gnade kann nicht immer gnädig aussehen.

Du kannst mit Gott über den Teufel reden,
aber nicht mit dem Teufel über Gott.

Wem die gebratenen Tauben in den Mund fliegen,
dem kommt das Kauen als Arbeit vor ...
Das Fressen kommt nicht vor der Moral,
vor der Moral kommt das Speisen.

Ist die Perücke modern,
schämt sich das schönste Haar.

EUGEN GÜRSTER (1895 – 1980)

Auch phantasiearme Naturen bauen Luftschlösser,
aber es kommen immer wieder Reihenhäuser
dabei heraus.

Wenn der Hund wüsste, dass er ein Hund ist, wäre
er bereits auf dem Wege, ein Mensch zu werden.

Die Götter kämpfen gegen Dummheit vergebens,
weil der Kampf gegen die Dummheit bereits wieder
eine Art Dummheit ist.

Wer vom Paradies träumt, vergisst leicht,
dass ein Paradies ohne Schlange unvollständig ist.

Höchster Stolz : sich auch für seine Träume
verantwortlich zu fühlen.

Manche Ideen halten sich knusprig,
weil sie nicht verwirklicht werden können.

KARL GUTZKOW (1811 – 1878)

Wir schwachen Menschen leben lieber von den Vor-
schüssen... der Zukunft als von den zwar mäßigen,
aber sichern Renten der Vergangenheit.

Die meisten unserer Fehler erkennen und legen wir
erst ab, wenn wir sie an andern entdeckt haben und
gesehen, wie sie denen stehen.

Als Jüngling fragen wir : "Was ist wahr?"
Als Mann : "Was ist schön?"
Als Greis : "Was ist gut?"

Es ist ein glückliches Gefühl, für einen Hass,
den wir bis dahin nur instinktmäßig nährten,
plötzlich einen triftigen Grund zu erhalten.

Bitter ist es, das heute zu müssen,
was man gestern noch wollen konnte.

Unsere besten Gedanken sind nicht diejenigen,
die wir finden, wenn wir selbst suchen,
sondern die wir finden, wenn wir anderen
Suchenden nachgehen.

Jüngling, hast du ein Mädchenherz gefunden,
das du liebst, lass es nicht unter die Räder
deiner Entwicklung kommen!

Wenn man sich recht herzlich freut, dass einer
Glück hatte, so ist damit noch nicht gesagt,
dass man ihm auch einräumen will, das Glück
verdient zu haben.

Entwindest du dich dem Lobe, so kränkst du den,
der sich's zum Verdienst anrechnen durfte,
dich erkannt zu haben.

FRIEDRICH HEBBEL (1813 – 1863)

Es ist am Ende an der Religion das Beste,
dass sie Ketzer hervorruft.

Es ist der größte Übelstand,
dass es in unseren Zeiten keinen Dummkopf
mehr gibt, der nicht etwas gelernt hätte.

Es gibt Lichter, die alles bescheinen,
nur nicht den eigenen Leuchter.

Wenn man von einem sagt, er sei tot : wie kann der
besser beweisen, dass er lebt, indem er um sich haut.

Ein Schriftsteller, wie Jean Paul, ist wie ein Tempel,
in dem jeder Stein eine Zunge hätte;
weil alles spricht, spricht nichts.

Es gibt Leute, die sich über den Weltuntergang
trösten würden, wenn sie ihn nur vorhergesagt
hätten.

Jeder verdient sein Schicksal, es fragt sich nur,
ob vorher oder nachher.

Am Regenbogen muss man nicht
Wäsche aufhängen wollen.

Es gibt Leute, die nur aus dem Grunde in jeder Suppe ein Haar finden, weil sie, wenn sie davorsitzen,
so lange den Kopf schütteln, bis eins hineinfällt.

Etwas Theoretisches populär zu machen,
muss man es absurd darstellen.

LUDWIG BÖRNE (1786 – 1837)

Man heilt Leidenschaften nicht durch Vernunft,
sondern nur durch andere Leidenschaften.

Die Weiber verlangen das Größte und das Kleinste
zugleich; sie fordern Liebe und auch, dass man artig
gegen sie sei – eine Million in Scheidemünze.

Ein Mann von Geist wird nicht allein nie etwas
Dummes sagen, er wird auch nie etwas Dummes
hören.

Die Weiber sind am gefälligsten, wenn sie Furcht
haben; darum fürchten sie sich auch so leicht.

ERNST VON FEUCHTERSLEBEN (1806 – 1849)

Es ist nicht genug, sich als Gegenstand zu
betrachten; man muss sich auch so behandeln.

Ein nur in Deutschland heimisches Spezimen:
der phantastische Pedant.

Jeder wahre Gedanke trägt das Universum in sich,
und keiner spricht es aus.

Freude daran, vieles lächerlich zu finden, drückt
Misswollen aus, - gar nichts lächerlich zu finden,
drückt Beschränktheit aus.

Der vollendete Schein lässt sich nur
durch das Sein erzielen.

Überall Brainstorming über alles
Zu Bruch gegangene Spielwerke

Wer Rilkes Probleme hat und nicht wie Rilke
schreiben kann, ist fast verloren.

Was die Vielen, die niemals schreiben, an Wenigem
schreiben würden, wäre viel interessanter als alles,
was andere stets zu viel schreiben.

Brotarbeit ist oft die Feierabenderholung der Genies.

Liberalismus heißt, dass ein Gemeinwohl
nur aus vielerlei Eigennutz entsteht.

Gute Aphorismen sind über die Wahrheit so weit
hinaus, dass sie weder irre noch gelogen sind.

Weißbrot soll ungesund sein. Also ist es gesund,
dass es zu teuer wird.

Mein Laufwerk ist kein Quantencomputer
auf zwei Beinen.

Eckkneipen sind die beliebtesten Pechvogeltränken.

Dass jedes Objekt einer subjektiven Reflexion
und jedes Subjekt der objektiven Welt entstammt,
entstammt jeder Subjektivität der Welt?

Hat jeder Lump ein demokratisches Selbstverteidi-
gungsrecht gegen jeden grundehrlichen Angreifer?

Deutschland war mal das Land von Kant und Hegel,
Goethe und Schiller, Bach und Beethoven.
Heute ist es das Land von Precht und Sloterdijk,
Zeh und Tellheim, Lindenberg und Grönemeyer.

Den Normalverbraucher hält der Feinfühlige für
grobschlächtig – und der Derbe für eine Mimose.

Mancher Irrglaube ist versteckter Glaube
an eine andere Wahrheit.

Sind *Rastalocken* die angesagtesten Glatzenmützen
der Popkultur? Ich habe solche Haare nicht auf den
Zähnen.

Junggesellenabschiedsfeiern kosten unreifes
Hagestolziat und finden ihre billige Rechnungsstelle
im heiligen Ehestand.

Jedem Zauberlehrling wächst über den Kopf,
was er beschwört. Dem Dichter steigt es nur zu Kopf.

Warum war das „nachmetaphysische" 20. Jahrhundert gräuelvoller als alle religiösen Zeitalter davor?

Religion hat mehr zur Natur zu sagen
als Naturwissenschaft zum Ewigen.

Einer, dem a priori alles zu blöd oder zu bedeutsam
ist, ist a posteriori und a fortiori blödsinnig.

Wissens- und Freiheitsdurstige werden mit Schnaps
abgefüllt, Bildungshungrige mit Sättigungsbeilagen,
Machthungrige mit Redegewalt und
Liebeshungrige mit Fitnessmechanik.

Auch aphoristischer Pfiff ist nur Pfeifen im Walde.

Liebe: Verzauberte Hexe heiratet verhexten Zauberer.

Philatelie ist Weltherrschaft in Briefmarkenminiatur,
und der Sammler ein Schrebergärtner
unter den Stubenhockern.

Meine besondere Note sind Schulnoten,
nach denen bis heut meine Musik spielt.

Von der Natur auf übernatürlichen Naturgesetzgeber
zu schließen, macht den kosmologischen zum besten
Gottesbeweis – auch laut Kant.

Wenn Krisenmanagement Managementkrise erzeugt,
ist die Eingangskrise durch Vergessen aufgelöst.

Grundsicherung soll den Sozialstaat vor Sozialrevo-
lutionen sichern, nicht den Armen vorm Verhungern.

Aphorismen, Wahnwitz in Konservendosen,
schillern zwischen romantischer Formensprengung
und klassizistischem Entgrenzungsverbot.

Weder Wahnsinn noch Scharfsinn, weder Begeisterte
noch Geistreiche fassen die ganze See(le),
und deren Einheit ist ihr eigenes Zerbrechen.

Kann dein Tod wie dein Leben mein Werk fördern?

Werke aus der Ankunft bei dir,
Opuscula aus dem Abschied von dir?

Leid *kann* Kunst und Glück *muss* Kitsch erzeugen,
zum Glück.

Es ist leichter, mit geklautem Geld Juwelen zu kaufen
als geklaute Juwelen zu verkaufen.

Turing-Test : Im Dialog mit debilen Partnern
und Aufgaben triumphiert künstliche Intelligenz,
da sie selbst einfältig ist.

Französische Kultur : Klassizismus geformten
Wahnsinns. – *Deutsche Kultur* : Romantik
schrankenloser Gründlichkeit.

Wenn ein Satz so sinnvoll wie sein Gegensatz
sein kann, sind beide sinnarm.

Bedienst du dich einer Sprache,
die sich deiner bedient, oder umgekehrt?

Neuzeit ruft : Damoklesschwerter zu Pflugscharen!
Doch *Freund Hein* mit der Sense ist kein Bauer.

Menschen sind inzwischen dekorative Arabesken am
Weltverwaltungsgebäude und halten sich für Leute.

Die Vergangenheit wurde offener als die Zukunft.
Musst du aber leiden, dann erfreu dich des Mitleids!

Übeltäter tun nur wohltuende Untätige als Untäter ab.

Adorno. Ein Teil ist mehr als nichts. Nichts ist mehr
als das Ganze. Also ist jedes Teil mehr als das Ganze.

Man hat keine Triebsublimation mehr nötig und kein
Feingefühl mehr für Unterschwelliges und Erhabenes

Ein passionierter Philosoph hat sich aktiv deaktiviert.

Niemand ist freier als in Ketten
und gefesselter als von Willkür.

Heißt Unsterblichkeit, ewig zu altern?

Kolonialistische Forschungsreisen. Im Aphorismus kommt der Redefluss vorübergehend zur Ruhe und verfliegt der gesetzte Satz.

Wer behindert ist, wird behindert. Von Behinderten.

Ist *Hegels* ständiger Rückfall vom allübergreifenden Allgemeinen zum individuellen Selbstsein-im-Anderen eine Reverenz an *Schlegels* fragmentierte Dialektik ohne Solidarsynthesen?

Descartes existiert nicht, weil er daran zweifelt.

„Wer bist du?“ – „Du!“

Wer jeden und/oder keinen Satz von sich sagen kann, ist frei.

Das Ziel des Lebens ist es,
die Wege dahin zu verschütten.

Sophotainment. Worte beleuchten, was sie nicht sagen, und vernichten, was sie sagen wollten.

Kannst du sein, was du nicht sagst und nie machst?

Friedfertige Feigheit ist kein Laster,
mutiger Stolz keine Tugend.

Schieß in den Wind und ins Wasser,
doch nicht daneben!

Das Wesentliche des Unverweslichen war dir die
Weser und „tätige Stadt im Nordsee(le)wind", Aus-
wanderer nach Utopia, kleine Fische, große Schiffe…

Dein Werk verarmt nicht den Kosmos,
sondern kosmopolitisiert die Armen.

Können Aphorismen, kleinste Brüder des *Buches
der Natur*, Heiliges im Kunstreiz vermitteln?

Die Erde zieht sich im Alter aus uns zurück,
ohne dass der Himmel noch nachrückt.

La Rochefoucauld wurde Verdichter, wo er als Krie-
ger scheiterte. *Mörike* und *Gotthelf* wurden Dichter,
wo sie als Pfarrer scheiterten.

Kierkegaard konnte weder Existenz und Ehe noch
Dichtung und Religion vereinen – seine Krankheit
zum Tode.

Kriegslager haben kein Ruhelager,
das Ehekriege haben.

Es ist Energieverschwendung,
gegen sie zu demonstrieren.

Über den Jordan gehen Hebräer ins Gelobte Land,
Christen ins Himmelreich, Heiden ins Grab,
ihre Dinge in den Müll.

Die „göttliche" *Garbo*, in ihren Weltruhm sich ent-
fremdet, starb in entsetzter Menschenscheu, Phantom.

Erstaunlich albern, dass die Menschheit außerhalb
einer Minderheit seit 10.000 Jahren nicht mal ge-
schafft hat, auch nur elementaren Hunger zu stillen!

Unartige haben die Unart, als Unartisten zu gelten,
doch *Un-Art* ist keine neue Antikunstrichtung.

Der gesunde Menschenverstand schuf sein Opus
Magnum, sich selber geisteskrank operiert zu haben.

Der Durchschnittsmichel hasst manche Migranten,
weil er erbärmlicher radebrecht als sie.

Öffentliche Verkehrsmittel. Käufliche Omnibusen
sind für alle Unerfahrenen da.

Lustiges, das nie verlustig geht, fällt schnell lästig.

Moderne Kunst kommt von modernder Brunst,
und Popmusik besteht nur noch aus Werbejingles.
Der *Zeitgeist* entstammt einer Liaison aus seelischer
Brunst und leiblicher Inbrunst.

Urlaub haben Rentner stets
und arbeiten an ihrem Irrgarten.

Praxis, Getue, ist die sterile Unwahrheit, dass Wahrheit nur Fruchtbarkeit sei. Pragmatismus ist die nutz-
lose Unwahrheit, dass Wahrheit nur Nützlichkeit sei.

Kunst ist eine Spielart menschlicher Lieblosigkeit.

Das Geheimnis des Menschen lag in nomadischen
Heiden. Die Geschichte enthüllt und verschleiert es.

Spruch : Schreckschuss gegen Angst und Schrecken.

„Sonst war der Sänger doch ans Kreuz geschlagen,
Jetzt mordet ihn der sanfte, kluge Rat." *(Hölderlin)*
Mich soll der Staat erhalten. Ich bin für nichts als das
Schreiben auf die Welt gekommen. (nach *Schubert*)

Erst die Wonnen des verdienstvollen Kunstschaffens
und dann noch Wonnen der verdienstvollen Reue?

Geboren, um wieder schuldig zu werden, und schuld-
bewusst werden, um neu geboren zu werden?

Das Glück des Autors liegt darin, auch sein Glück
zu opfern, damit seine Bücher ihr Glück machen.

Headhunters Organhandel? Hierzulande muss man
froh sein, wenn Organspenden noch freiwillig sind.

In Religionen himmelt es, in Kirchen *menschelt* es.

Denken : verhaltenes Verhalten zu den Verhältnissen.
Haar (auf den Zähnen) in der Suppe versalzt sie dir.

Mt 5,13 : „Ihr seid das Salz der Erde", und Mutter
Erdes Blutdruck steigt bis zum Schlaganfall.

Sind verlangte Preise für vergebene Preise zu hoch?

Weltdarstellung als Weltherstellung. Einst nahm ein
Mann seine Gattin als Gegengift zu ihrer väterlichen
Mitgift in Kauf.

Das Werk zusammen mit seinem Schöpfer will un-
sterblich sein wie der Weltschöpfer und nimmt dafür
die Schuld am Vergänglichen auf sich, doch war
Christiane eifersüchtig auf ihres Goethes „Faust"?

Hat Goethe im „Faust" sich selbst erlöst
oder von der ungelösten Frage nur losgemacht?

Bonmots sind eher Malmals als Bonbons des Geistes.

Nicht Gerechtigkeitssinn oder Menschlichkeit kommt
Armen entgegen, sondern allein Explosionsangst.

Man kann nicht besser sehen als einsehen,
wie schlecht man sehen kann.

Ich strebe nicht nach Luxus, sondern nach Einsicht,
wie viel zu viel ich immer davon hatte.

Wo wenig Brot zum Luxusgut wird,
wird viel Kuchen zum Armutszeugnis.

Luxuria gilt als Kardinalsünde, doch ihre Heiligen
sind die Luxusausgaben der armseligen Menschheit.

Propheten waren Poeten, doch Ästheten, mythische
Mystifikanten, eher Proleten als Propheten.

Seher Haman verhielt sich zum Sänger Herder
wie Prediger Herder zum „Weltkind" Goethe.

Das geistreiche Wort ist der Luxus
des schäbigsten Armen.

Wer zur Unzeit zu früh kommt, kann immer noch
epigonaler Schöngeistseher sein.

Christentum heißt, du hast mehr in dem,
was du gibst, als in dem, was du nimmst.

Aphoristiker ist Pestalozzis didaktischer
Reduktionist, als Dichter ohne Kranz
und Denker ohne Sakramentalität.

In den ersten drei Lebensjahren, an die sich niemand
erinnert, erwirbt jeder die Sprache.

Heiliges wird durch Dichter und Denker eher erinnert
und erwartet als beschworen und geboten.

Hölderlin zweifelte, ob er Seher, nicht dass er Dichter
sei, vom dionysischen Christus geschlagen.

Gottvaters Mystiker wie Böhme sind nicht
Mutter Naturs Magier wie Goethe.

Kannst du leben? – Darfst du´s oder vermagst du´s?

Hat ein Autor eine tiefe Beziehung zur Sprache,
sinnt die eifersüchtige Gattin auf Rache und kommt
zur Sache.

Religion ist stets auf der Höhe der Zeitlosigkeit,
seit die Zeit auf dem Tiefpunkt angelangt ist.

Liebe kann auch gemeinsame Unwissenheit sein,
wozu man eigentlich auf der Welt sei.

Sartre hatte die goldige Stirn, sich ein *goldenes Hirn*
zu bescheinigen, als er das bolschewistische *Paradies
der Werktätigen* existenzialistisch vergoldete.

Dichter sind Magier mit wunderbar verwundenden
Worten statt bewunderten Wundertaten.

Lebensfreude des einen ist Todesfurcht des anderen.

Neider machen Leute.

Brevitas index veri? Aphorismen sind nah,
wo Sein Wort fern ist, und ahmen dessen
rohe Rätselhaftigkeit kunstvoll nach.

Glaubst du dem Ewigen oder eher an deine Schuld?

Nicht jeder Aphoristiker ist Orpheus, dessen
prosaische Trauer über den Verlust der Geliebten
ungereimte Sprüche ausstößt, Einsprüche und
Ansprüche, Widersprüche und Gegensätze.

Aphorismen haben mit inspirierten Prophetenworten
und Orakelsprüchen nur die lapidare Kürze gemein
und geben nur die ungestammelte Wahrheit
ihres Autors wieder.

Sind die verfolgten Propheten und ihre Schicksale
die einzigen noch standhaltenden Gottesbeweise,
sind blinde Leichen die einzigen lebenden Seher?

Lebende gebären, Gestorbene morden,
und Untote arbeiten.

Tatendurstigen ist der nahe Untergang prophezeit,
Verzweifelnden die ebenso nahe Erlösung.

Einsamkeit ist dir oft zu wenig,
Gemeinschaft wird dir oft zu viel.

Laut *Platon* ist Sinnliches nur unvollkommener Sinn.

Mit dem Bisschen, das man in Kopf und Herz hat,
lässt sich ein ganzes Jahrhundert kaum bestreiten.

Inspirierte Dichter zwischen deinen fixen Ideen
und Platons klarem Denken.

Ist das Signifikat nur Signifikant, wird der Signifikant
zur Bedeutung der Bedeutung oder Deuter, *Derrida*.

Lieblosigkeit nimmt, was sie schon hat,
und gibt nicht, was sie nicht hat.

Es muss nicht nur dafür gesorgt werden, dass Arme
anständig bleiben, sondern auch anständig versorgt
werden, um anständig werden zu können.

Haben transzendentale Ermöglichungsbedingungen
materielle und/oder transzendente Ermöglichungsbedingungen, liebe Nach- und Antikantianer?

Den Wissenden wird Wissen gegeben,
den Ignoranten Theorie.

Künstler drücken sich vor allem – aus.

Wer sich schamlos seiner Schamteile
oder Stärken schämt, ist noch kein Christ.

Freiheit heißt heute, allem untreu zu werden
außer dem und den Seinen.

Arbeit gibt es nur noch in roboterfreien Betrieben.

Es gibt zu viel Mut und zu wenig Angst in der Welt.

Nur Experten erreichen gewissenlose Gewissheiten,
Laien schämen sich ihres Wissens.

Verbraucher waschen die Hände der Produzenten
in Unschuld. Man konsumiert Kerker und Fesseln
und produziert beliebige Freiheiten.

Man beordert Waren her, um ihnen zu parieren.

Die Vergangenheit hat schon begonnen.
Es war ein- für allemal ein Gott im Himmel …

Nur neugeweckte Bedürfnisse decken noch Bedarf.

Alles ist schon veraltet vor dem Entstehen
und wird durch Gebrauch immer neuer.

Nur Unmenschen sind noch manchmal menschlich,
nur Hässliches bisweilen schön, nur Grundfalsches
noch wahrhaftig und nur Unheilbares heilig.

Alle Lebensziele haben heute das Ziel, Bremswege
oder Um- und Dienstwege zu Holzwegen zu machen.

Auch Schlachttiere schlagen heute friedliche
Produktionsschlachten.

Schiller now? Es glühen neu Ruinen aus dem Leben.

Einsamkeit ist ein Massenartikel aus Massenmedien.

Die Sendungen aus den Medien sind Gesandte
und Missionare unserer mächtigsten Götzen.

Muße genießt nicht einmal mehr der Arbeitslose.

Nur wer Himmlisches erfindet, entdeckt die Erde?

Unglaublich, was alles geglaubt werden kann,
um nur nichts wissen zu müssen.

Freud gab tiefgründigem Denken einen neuen Sinn.

Ich bin nichts, also ist Gott. Wäre Er ein Traum,
wären wir schon alles.

Ein Hoch auf alle Niederlagen, nieder mit Siegen!

Wie du mich siehst, so siehst du die Welt ohne dich.

Paulaner trinken kein *Paulaner*. Was du willst,
das man dir tu, das füge nicht dir selber zu.

Wie lange wird es nach dem Weltuntergang dauern,
die Höhe der Steinzeitkultur zu erreichen?

Liebe : Die bessere Hälfte ist mehr
als das große Ganze.

Fußball und Boxen sind Neoliberalismus fürs Volk.

Gute, moralische Zeiten, als es noch Gangster gab!

Steinzeitmenschen sollen drei bis höchstens
vier Stunden täglich gearbeitet haben, halb so lange
wie wir Sesshaften mit unseren Maschinen.

Raumzeit. Die Arbeitszeit der Sesshaften ist nur eine
Abstraktion vom Weg, den die Nomaden nahmen.

Jeder geniale Aufstand gegen eine Zeit wird nach
angemessener Schamfrist als ihr Fortschritt gefeiert.

Die einzige Sucht, die keine Werbung braucht,
ist die Sehnsucht der Selbstsucht.

Der Ewige thront nicht in einem *Paralleluniversum*,
sondern jenseits jedes Mega- und *Multiversums*,
denn Metaphysik transzendiert jedes *Metaverse*.

In der „Tücke des Objekts", das nicht so will,
wie du wohl willst, verbirgt sich die Tücke des
Subjekts oder zum Glücke das Objektive schlechthin.

Wer versteht einen Menschen, der die Welt versteht?

„Wir Flüchtigen! Was wir sind,
Schon sind wir´s nicht mehr. Ein Traum
Des Schattens, das ist der Mensch."
(*Pindar* : 8. Pythische Ode, Schluss)

Wer das religiöse Christkind nicht mit dem kirchlichen Taufbad ausschüttet, geht mit *Hegel* vom aufgeklärten Verstand der Französischen Revolution zur spekulativen Vernunft des Deutschen Idealismus. Wer aber die „faule Existenz" des Individuums nicht mit dessen Begriff ausschüttet, geht mit *Schlegel* von systematischer Allgemeinheit zur Fragmentironie.

Paris : planwirtschaftlicher Vulkan.
Berlin : explosive Zucht.

Waren *Claire und Ivan Goll* schon nach dem Ersten Weltkrieg politisch so engagiert wie *de Beauvoir und Sartre* erst nach dem Zweiten Weltkrieg?

Sonnenschein nimmt dich in Augenschein ohne Geldschein. Jalousie schützt vor Sonne und Blicken.

Rom und Dom verglühten, Romane erblühten:
Historische Blöße, geistige Größe, Ästhetik steigt,
wo Politik sich neigt. – *(Jes 55:8)*

„Unumstößliche Wahrheiten gibt es gar nicht. Und wenn es welche gibt, sind sie langweilig." (*Fontane*, „Stechlin")

Nackte Wahrheit ist verschleiertes Verschleiertsein und keine FKK-Nudistin.

Aus Solidarität mit geliebten Toten lebt man dann oft viel zu wenig oder zu viel.

Geben gibt Gebern mehr als Abnehmern. Mindert das den moralischen Wert der Gaben?

Die folgerichtigste Erfolgsmethode ist Erfolg – oder Erfolgsflucht, die Verfolger anzieht.

Nichts charakterisiert den Zeitgeist besser, als dass nun Chancen als Risiken genommen werden sollten.

Schreibzwang der Schreibsucht (Hypergraphomanie) gefährdet Leser und Autoren mehr als Händler und Verleger.

Untergangspropheten wurden über Futuristen zu Fut-orologen, die Weltverbesserung prognostizieren.

Künstler wählen ein Wertsystem, in dem selbst
verkannte Autoren weit über erfolgreichen Unter-
nehmern stehen und mit jedem geschriebenen Buch
den ungeschriebenen Abstand vergrößern.

Konnte er „wie alle Ängstlichen, nur in Spiel oder der
Karikatur Selbstbestätigung finden?" *(Claire Goll)*

Das „Projekt der Moderne" ist nicht à la *Habermas*
mit sich zu versöhnen, sondern mit eigenen Mitteln
zu konterkarieren, um Gottesgesetz zu restaurieren.

Ein ganzes halbes Jahrhundert hinter dir, Tanz über
Abgründen, wird zum Rätsel und Wunderwerk:
Ferne Nähe, nahe Ferne, Mittel und Zweck zugleich.

Der Jugendliche schrieb schlecht wie alte Gelehrte,
der Greis erst schlicht wie ein altes Kind.

Viele sind erst im Alter so schwach, wie mancher im
ganzen Leben war. Als Greis fällt er nicht mehr auf.

Für den Schöpfer spricht vielleicht weniger,
als das Mittelalter annahm, doch wohl mehr,
als die Aufklärung glaubte.

Turing-Test. Der Mensch ist freiwillig schon
vorprogrammierter, als er glaubt, und seine
KI-Maschine schon humanoider, als er glaubt.

„Gott ist tot" ist Wahnsinn, der mit *Nietzsches*
Wahnsinn geschlagen wurde.

Mancher fürchtet, noch vor dem Krebstod
an operationsbedingtem Coronavirus zu sterben.

Werbung hat den Wert, wertfrei Wertloses
aufzuwerten durch Entwertung von Wertvollem.

Staatlicher Ehekrieg : Ringtausch der Brautleute
ward Ringtausch ihrer Waffen.

Wir fressen keine ekle Scheiße,
sondern scheißen edle Fressalien.

Aristokraten ließen sich von unterbezahlten
Troubadouren, das Volk lässt sich von überbezahlten
Popsängern hofieren.

Wahrheit ist, was keine Hilfe und Mäzene braucht.

Als Strafe für ewiges Ackern
sind wir ins Kaufhausparadies vertrieben.

Schriftsteller sind Schausteller für Käufer,
Selbstdarsteller für Journalisten, Fallensteller
für Leser und Bittsteller für Verleger.

Straft Er den, der lieber einem liebenden
als strafenden Schöpfer glaubt?

Jeder Staat ist zu besiegen, in den es den Sozialismus
zu exportieren gelingt.

Gotteserkenntnis nur durch Gottesdienst
und Gottesdienst nur durch Gesetzestreue?

Konsensnonsens pervertiert demokratische Mehrheit.

Könnte der Faschismus zurückkehren gerade als
political correctness antifaschistischer *Wokeness*?

Der ingeniöse Ingenieur ist das von allen Genien
verlassene Genie des aktiven Nihilismus.

„Fortschritt wäre Verfall, oder Gott ist Hokuspokus.
Wir können nicht beides haben." (*F. Pech*, 2004)

Fortschritt produziert ungenießbare Genussmenschen
und ist aktiver Atheismus. Genuss ist Genus
mit einem „ess!" zu viel.

Elegant auf der Eisbahn der Kunst entschädigt
für den Elefant auf der Scheißbahn des Lebens.

Wer die Natur vorm Menschen bewahren will, muss
ihre zur zweiten Natur gewordene Beherrschung
beherrschen. Wer den Hochindustrialismus toppen
will, muss ihn stoppen und nicht verpoppen.

Wer die ökologische Katastrophe aufhalten will,
muss den technologischen Fortschritt aufhalten,
der sie aufhalten soll.

Gemeinschaftsarbeit erschafft nicht Religion,
sondern Religion schafft Gemeinschaftsgeist.

Nur die Paradoxie des Aphorismus beweist
die Allgemeingültigkeit seiner Wahrheit.

Wer verrückt nacheinander Verrücktes füreinander
tut, will die gesunde Echtheit seiner Liebe beweisen.

Fruchtlos und nutzlos? Es gibt nichts Pragmatischeres
als Religionen, aber moderne Pragmatisten sind dafür
nicht pragmatisch genug.

Schafft der Himmel durch Pandemien und Kriege,
was Vernunft und Fortschritt nicht erreich(t)en?

Wird nicht viel zu viel gearbeitet, d. h. vernichtet?

Solange der ganze wissenschaftliche Fortschritt nicht
jedermann eine auskömmliche Achtstundenwoche
(statt Achtstundentag) beschert, siegt Rückbesinnung
auf den Vierstundentag der Steinzeitnomaden.

Phantasie ist die Fähigkeit, lieber eine FANTA
zu trinken und sich Phantome vorzustellen
als etwas Phantastisches herzustellen.

Phantasie hat die Kraft, sich vor den Gespenstern
ihrer Hirngespinste so zu fürchten, dass sie die
reale Welt nicht mehr ganz ernst nehmen muss.

Wer phantasiert, der spinnt,
doch Spinnen haben wenig Fantasy.

Phantasie ist das Unvermögen, in phantasielose
Menschen sich hineinzuversetzen und sich Dinge
vorzustellen, die es schon gibt.

Nur Phantasie kann zusammen mit dem Intellekt
realistische Theorien entwerfen, doch die Realität
ist inzwischen phantasievoller als du und ich.

Pure Phantasie ist der sechste Sinn des besonnenen
Menschen und der erste Unsinn des Künstlers.

Phantasie erfindet nichts Neues, sondern erinnert
an Uraltes, das über Veraltetem vergessen war.
Oder sie zerlegt die Welt und fügt die Bruchstücke
zum *ganz Anderen* zusammen, das auch die
Religionen meinen.

Es gibt Mysteriöses in der Welt, weil der Mensch
eher Mystiker als Pragmatiker ist.

Lieber Lebensgefährtin und Buchpublikationen als
Berufsausbildung, Ehe, Kinder, Eigenheim und Auto.

Fortschritt auf Einbahnstraßen in die Sackgassen
oder Rückfall auf Tabula rasa bis Steinzeit?

Graben. Nahm nicht die Verstorbene auch die Hälfte
des Liebenden mit ins Grab?

Eher dürfen gute Philosophen schlechte Menschen
sein als gute Menschen schlechte Denker.

Wir sind nicht stets unterwegs, sondern
längst übers Ziel hinausgeschossen.

Leben heißt, sich verzehrend zu sehnen nach dem,
was man in der Hand trägt, und das schon in Händen
zu glauben, was unendlich fern ist.

Wirst du im Grabe mehr Gläubiger
oder Schuldner sein?

Das Herz macht dich geistreich, das Hirn
eher hilfreich, der Bauch aber reicher.

Wer kein Doppelleben führt, lebt nur halb(herzig).

Witzlose Weisheit ist nicht Philosophie,
sondern nur Wissensarchiv.

Die abgründige Grundlosigkeit der Existenz ist selber
grundlos und alles Denkbare nur eine gedankenlose
Insel im Ozean des Undenkbaren.

Wer Mordsspaß versteht, achtet seine Grenzen
und versteht einen Autor besser als er sich selbst.

Blaue Magie? War *Mynona* eine Synthese aus Kant
und Chaplin, versucht mein Transzendentalfragment
eine Synthese aus Hegel und Laurel & Hardy.

Empirische Gedankenexperimente der Philosophie
heißen seit 1580 Essays mit abgesonderten Sätzen.

Dichter plus Denker. Aphoristik macht mit der Philosophie, was Kunst mit der Welt macht : Sie zerlegt
sie in Stücke und fügt sie probeweise neu zusammen.

Die Kunst von Essay, Fragment und Aphorismus
ist eine potentiell proletarische Denkrevolte gegen
aristokratischen Platonismus und bürgerliche
Universitätsphilosophie.

Schlecht ist die Welt derzeit am besten
noch hierzulande.

Niemand soll erniedrigt werden, doch jeder sich
anhören müssen, wie tief er durch seine Laster
sich selbst erniedrigen kann.

Der Mythos von der Entzauberung aller Mythen kann
nur philosophisch aufgeklärt und end-zaubert werden.

Lebensangst hat manchem die Mühen der Tugend
und der Laster gnädig abgenommen.

Nur Opfer dürften Folter und KZ
in Kunst und Philosophie überführen.

Logik heißt, mit immer anderen Worten erfolgreich
immer dasselbe sagen in goldrichtiger Reihenfolge.

Wenn nicht du die Welt geschaffen hast,
wer oder was hat sie dann ewig gemacht?

Ein Optimist ist ein Pessimist, der den baldigen
Weltuntergang nur für wahrscheinlich hält.

Bringt Religion nur Glück,
wenn man nicht daran glaubt?

Im Irrenhaus sitzen Leute, die an absolute Wahrheit
und ewige Liebe glauben statt an Fortschritt.

Demokratie heißt, dass alles Erlaubte
deshalb noch nicht Pflicht ist.

Ostumgeher kommen in den (wert)freien Westen,
Westumgeher sind ein Umgang nur für Fußgänger.
Südumgeher sind mit *einem* Fortschritt am Ende, und
Nordumgeher holten den Polarstern vom Himmel.

Hatte *Lichtenberg* sich über seine eigenen nicht
ganz astreinen Aphorismen einen Ast gelacht?

Umkreist das fehlende Zentrum! Das Schlimmste ist,
dass niemandem Zeit bleibt, *l'un-nul* noch zu denken.

Du siehst dich in den Dingen, die du in dir siehst.

Ich bin die Maske meines Werkes,
das meine Larve ist.

Ultraeffizienzindustrie will Profit und Umweltschutz
optimal vereinen : To eat the cake and to have it.

Wer Volksvertreter nur ausbuht,
sollte Volksmusiker nie bejubeln.

Platons fixe Ideen sind fest, schnell und irre zugleich.

Tunix, und alles wird besser. Tuwat, und alles fällt.
Tunix, da weder die Guten noch die Bösen ihre Ziele
am Ende erreichen.

Ein Autor schreibt,
um keine besseren Autoren lesen zu müssen.

Ja, aber … ! Nein, aber … ! Dazwischen lebt es sich.

Was willst du werden, engagierter Kulturschaffender,
der's nur ruft, oder kultivierter Politiker, der's nie tut?

Platon trennte zwischen gemeinter Doxa
und fixen Ideen (die Para-Doxa sind).
Da sind wir platterdings schon weiter.

Kurze Sätze, lange Leitung. Niemand braucht
für jeden Satz länger als ein Aphoristiker.

Wer immer tobt, hat auch ein ausgeglichenes Gemüt.

Meine Bücher sind großartig.
Nur meine Leser sind miserabel.

Entweder gelingt dir dein Leben oder dein Buch
darüber. Entweder dein Passbild oder dein Weltbild.

Grauköpfe sind so weise wie Grautiere,
Grauzonen so ungewiss wie Amazonen.

Unsere tiefe Liebe zur Dichtung ist ein Märchen.

Mancher Aphorismus klingt nur so falsch,
ist aber gar nicht so wahr.

Das Gute ist nur die bessere Hälfte des Schlimmsten.

Jede Offenkundigkeit nimmt sich auf ihre Tarnkappe.

Triffst du einen klugen Kopf, kriegst du Kopfweh.

Das Gute im Menschen ist Satans
geheime Massenvernichtungswaffe.

Besoffene fallen mehr auf als Dürstende.

Industrialismus ist ein Maschinenhinduismus,
der Arme selig- oder heiligspricht und nicht
mit unnötigen Gaben vergiftet.

Wer sein Herz an dich verliert, verliert seinen Kopf
gleich mit, um mehr für seinen Bauch zu finden.

Entweder bist du Gipfelstürmer oder Schneeflocke
in der Lawine, die ihn begräbt.

Gute Bücher können von einem guten Menschen
geschrieben werden, doch gute Menschen werden
keine Schriftsteller.

Mein Weltbild ist besser, als es aussieht,
der Marxismus aber nicht besser als die SU.

Große Taten werden bloße Daten *(Big Data)*,
doch Untaten auch untätige Undaten.

In Utopia ist Güte ein Automat
und Bosheit ein Trimm-dich-Pfad.

Bist du der Verwandtschaft mit einem Dichter oder
Denker fähig, oder haftest du für Unbekannte?

Durch die Heilsarmee von General *Booth* spart der
Staat viel Geld für militärische Landesverteidigung.

Leider teilte der Großbürger Adorno auch Nietzsches
„aristokratischen Individualismus" (Georg Brandes)
zusammen mit dem anti-proletarischen Sozialismus
und bürgerlichen A(nti)theismus. Das übernahmen
die französischen Dekonstruktivisten und postmoder-
nen Poststrukturalisten wie Derrida, Deleuze, de
Man, Foucault und Lyotard – mit Heideggers anti-
patriarchalischer Metaphysikdestruktion.

Der Dualismus jeder Philosophie wird aphoristisch
zu Ende gedacht als unüberbrückbar und unvereinbar.

Auch eine Philosophiegeschichte

Laotses gnomisches „Tao-te-king" empfahl kontemplatives Wuwei (konfliktunterlaufendes Nichthandeln). Zählt *Platon* durch seine Dialoge zu den Moralisten? Permanentes sokratisches Infragestellen derer, die etwas zu wissen beanspruchen, führt laut Whitehead zur Philosophie als einer Reihe von aphoristischen Fußnoten zur platonischen Idee (statt Liebe). Seneca vertrat einen gnomisch prägnanten Stoizismus. Die konzis zugespitzten mittelalterlichen Dogmen implizierten Pro et Contra, Sic et Non. Francis Bacon rechtfertigte die Forschungsaphorismen und „Essays" (1597) philosophisch. Blaise Pascal entwarf in den „Pensées" eine gnomische Religionsphilosophie, und Gracian war im bündigen „Handorakel" ein früher Existenzphilosoph sozialer Lebenskunst.

Heraklits Rätselsprüche vor Platons Dialogen und Schlegels nachsokratische Fragmente nach Hegels positiver Dialektik führten zu Nietzsches Rückgriff auf La Rochefoucauld, Chamfort und Lichtenberg, abgesegnet von Adornos negativer Dialektik und mit Wittgensteins Spruchspielen abgerundet, vorbereitet von Spinozas 42 Ethik-Lehrsätzen und Leibnizens monadologischen Fragmenten. Der ´aphoristic turn´ vereint Kunst, Religion (Spruchweisheit) und Philosophie, die drei Formen von Hegels „absolutem Wissen" auf dem Boden von Gesellschaft und Geschichte. Die Aufklärung durch reflektierenden Verstand, „zerreißendes Sprechen" im „geistigen Tierreich", ist darin gut aufgehoben. Schelling sah Vernunft hingegen als primum passivum jeder Vita contemplativa. Paul Valérys fragmentierte „Cahiers" (1894-1945) und Henryk Elzenbergs wertobjektivistisch gnomisches Philosophietagebuch „Kummer mit dem Sein" (1907-1963) gehören in diesen Kontext. Moralistik als philosophische Selbstkorrektur der Systemphilosophien, geistige Rezeption statt sinnliche Produktion des Alls, Einheit von Logik und Mystik, Natur- und Sittengesetzen. Sie gibt mit Hegel das Absolute nicht preis, aber sieht es gegen ihn nicht in absolutistischer Naturbeherrschung. Bisher wurde Moralistik als vor- und „nachmetaphysisches Denken" geschätzt, aber Desiderat ist moralistische Metaphysik und metaphysisch-ontotheologische Aphoristik, gegen Hans Peter Balmer. Erkennbar ist sie etwa bei Elazar Benyoetz und Gilbert Chesterton, während Nihilist Emile Cioran noch einen Nietzsche zu naiv positiv denken sah.

Chr. Lichtenberg war französische Aufklärung auf Deutsch, gegen den gründlich seichten Chr. Wolff.

(S) H E : Wo sind weibliche Genies?

Warum gibt und gab es so gut wie keine weiblichen
Genies, sondern nur achtenswerte Talente unter den
Frauen? Selbst die feministische Grande Dame de
Beauvoir schrieb : „Sartre ist ein Genie, ich bin es
nicht" und ordnete sich ihm intellektuell und künst-
lerisch freiwillig unter. Ihre selbstbewusste deutsche
Freundin Schwarzer folgte ihr nicht darin. Die Geis-
tesgeschichte aller Länder ist voll von Männernamen
und verschwindend wenigen Frauennamen. Lange
mochte man das zurückführen auf die traditionelle
Unterdrückung der Frau durch ein allgegenwärtiges
Patriarchat, aber erstens kann von dieser geistigen
Benachteiligung und Bevormundung längst kaum
noch die Rede sein, und zweitens hatten die aufs
Heim beschränkten Frauen immer die Möglichkeit,
mit oder ohne Kinder und fern der nur auffressenden
Arbeitswelt kreativ zu werden. Gutausgebildete Aris-
tokratinnen und Großbürgerinnen hat stets genug
Muße, Geld und Beziehungen. Heraus kamen besten-
falls schriftstellernde Damen, die vor allem epigonale
Liebes- und Gesellschaftsromane veröffentlichten,
wenig originelle Bilder malten oder Trivialmusik
machten. Die US-Feministin Carol Gilligan glaubt,

dass die spezifisch weibliche Moral stets eher warme Gemeinschaft sucht, als eine riskante Unabhängigkeit wagt. Ein Genie aber muss fähig und bereit sein, mit großer Ausdauer lange Lebenswegstrecken in Einsamkeit und ruhmloser Unbekanntheit zu ertragen, im größenwahnsinnigen Selbstvertrauen auf den unanerkannten Wert der eigenen Werke. Laut Gilbert Chesterton sind viele Männer geborene Spezialisten und Fachsimpler mit Geniepotential, Frauen hingegen eher geborene Generalisten, die alles ein bisschen können und wissen müssen, aber nichts vollkommen. Laut Hegel können sie wohl gebildet sein, seien aber z. B. zur Philosophie wenig gemacht.

Claire Goll, antifeministische Muse ihres Gatten, des Dichters Ivan Goll, sprach in ihrer chronique scandaleuse „La poursuite du vent" (1976) ihrem eigenen Geschlecht jedes potentielle Genie ab, das sie bereitwillig den Männern vorbehielt, und fand geradezu ihr Glück darin, der Entfaltung männlichen Genies als liebende Muse hingebungsvoll dienen zu können.

Zwischen Oben und Unten

3. Mose 20 : 26 : „Darum sollt ihr heilig sein,
denn ich bin heilig."

Der Künstler und sein Werk sind zweierlei wie der
Schöpfer und seine Schöpfung. Die Kreaturen stehen
auf eigenen Füßen und trennen sich vom Urheber wie
die Wirkung von der Ursache. Das Werk soll so sein
wie er und seine Idee und ist es doch nicht, ja, etwas
zieht es stets von ihm weg : Das Mater-ielle an jedem
Geschöpf will nicht so ganz, wie Gottvater wohl will.
Das Ebenbild zwischen Rohmaterial und Künstler
schwankt *zwischen dem Teufel und dem lieben Gott,*
wie es einmal hieß. Es zieht jedes und jeden hinauf
und hinab zugleich und zerrt von beiden Seiten an
ihm. Der grundlegende Dualismus einer jeden Philosophie zeichnet das Verhältnis zwischen Satan und
dem Ewigen nur säkularisiert nach. Die protestanti-
sche Phänomenologin *Hedwig Conrad-Martius* hatte
daraus eine ganz eigene metaphysische Naturontolo-
gie entwickelt, Husserl plus Thomas von Aquin.

Leben ist Tragik, die schuldlos schuldig wird, wo es
in dämonischer Verschlossenheit sich auf frühkind-

liche Symbiose mit Mutter Natur vertrotzt und Gottvaters (An-)Gebot partout nicht wahrnehmen und
wahrhaben will. Selbständigkeit ist ein nur labiles
Gleichgewicht.

An wie vielen sitzengelassenen Gretchen versündigte
ein Goethe sich, um nicht nur seinen „Faust" vollen-
den zu können, eigensinnig gewissenlos dem eigenen
Naturtalent folgend, einer Gottesgabe, die an Bedingungen geknüpft war, die er missachtete?

Fausts und Gretchen opfern einander, wo sie allein
dem Ruf ihres Naturells folgen. Walter Benjamin
warf Karl Kraus vor, in aller Kultur nur der todverfal-
lenen Natur zu willfahren. Und doch stecken lediglich in diesen stillen Naturgesetzen die Anweisungen
der Moral, die vom Himmel herabdonnern. Sie wollen entdeckt und peinlich beachtet werden, um unge-
straftes Glück des Lebens zu machen. Nichts dahin-
ter, die Phänomene selbst sind das Wahre, wusste ein
Goethe, der sie lesen lernen wollte und oft verfehlte,
wo er Menschen aussaugte und wegwarf, wenn sie
dem Werk gedient hatten, Friederike wie Eckermann.

War es das wert, ist Kierkegaards Frage der Religion
an die Kunst. Das Ästhetische ist unmoralisch und
sündig. Ihr sollt euch kein Bildnis von der Welt ma-

chen, das dann nur zwischen euch und der Welt steht, da das Werk euch selber ähnlicher sieht als der Wirklichkeit.

Presste Goethe nicht ästhetischen Gewinn aus Scham über seine Schuld an den Geliebten? Klagten sie, dass stets nur gemacht werde, was der Geliebte wolle? Bringt er ihnen nur jene Opfer, die ihre größeren Opfer erbringen? Machte Heinrich sein Gretchen zu seinem Lebenselixier, damit er sie ungerührt zu seinem Werkelixier machen konnte? Doch sie ist ihm nichts schuldig geblieben, wohl aber er ihr – besonders am Ende ließ Goethe seinen „Bettschatz" (Anja) schnöde im Stich wie vor ihr alle anderen im Leben. Liebte er sein Werk mehr als sie, deren Liebe ein bloßes Mittel dazu wurde? Saugte er selbst über den Tod der „dicken Vulpius" ihr gemeinsames Leben aus für sein Werk? Hatte sie sich vielleicht noch selbst die Schuld daran gegeben, dass sie unfähig gewesen war, ihren geliebten Faust mehr zu fördern und weiterzuentwickeln? „Das ewig Weibliche zieht uns hinan" und hinab, und Fausts Rettung ist nur ein egoistischer Wunschtraum oder Gebet. Hätte er den Frauen sein Werk geopfert, hätte er sie und sich aber nicht glücklicher machen können und sie nicht mehr geliebt als durch sein Werk hindurch, das er ihnen mitverdankt. Dichter und Denker opfern ihrem Werk nicht nur liebende Geliebte, sondern auch ihren eigenen Egoismus, ja, diesen noch mehr. Sie lieben weniger sich als ihr Werk mehr als andere(s).

Kafkas Kunst missbrauchte die Liebe von und zu Milena, die sein Werk verstand, und Felice, die sein Werk nicht verstand. Nur die Beziehung zur jungen Dora Demant vor seinem Ende blieb da ambivalent-freier weil ohne gemeine „Schweinerei“. „Vor dem Gesetz“ seiner Väterreligion befahl der Kierkegaardleser seinem treulosen Freund Brod, seinen Nachlass als schuldhaft nichtig zu vernichten.

Natur bleibt zutiefst zweideutig, als stolze Eitelkeit eine Todsünde, als unsterbliches Gesetz moralisch „glückswürdig“ *(Kant)*. Das schöpferische Geschöpf schuldet laut Shakespeare der Natur einen Tod für ein schuldbeladen unsterbliches Werk.

„Se moquer de la philosophie, c´est vraiment philosopher.“ *(Blaise Pascal wie jeder Spießer)*

Der Tod vorm Ableben

Jemandem Glück wünschen heißt in unserer Welt,
anderen den Tod zu wünschen.

Askese ist der Irrtum, dass der Tod die Strafe ist
für ein Leben in Saus und Braus.

Heute haben wir Angst vor dem Tod,
weil wir *vor* dem Leben sterben müssen.

Ein Künstler wird reaktionär, wenn er den Tod
der Schönheit als Schönheit des Todes verkauft.

Die häufigste Todesursache ist noch immer
die Geburt.

Die meisten waren vor der Geburt bei ihren Eltern un-
beliebter, als sie nach dem Tod bei ihren Kindern sind.

Gott macht uns Todesangst,
also die Welt erträglicher.

Ein Künstler ist ein Mensch,
der erst nach seinem Tode sterblich wird.

Jeder ist verurteilt zum Tode durch denselben
Strang, an dem alle ziehen.

Todesangst lenkt auch nur ab von Lebensangst u. u.

Gott, Natur und Mensch sind tot −
außer in den Köpfen ihrer Todfeinde.

Am Tod fürchten wir nicht, dass er unser gutes
Leben beenden wird, sondern unser ewiges Hoffen
darauf.

Wir verdrängen den Tod, solange wir,
um nicht zu verzweifeln, den Wunsch
nach dem richtigen Leben verdrängen müssen.

'Familienplaner' sind Menschen,
die nur dem Tod anderer einen Sinn geben.

Wer nicht richtig lebt, lebt von der Vorfreude
auf das dumme Gesicht, das der Tod vor leerem
Safe machen wird.

Nach dem Tode lebt auch der moderne Mensch
wieder in der Grabsteinzeit.

Nichts ist belebender als Todesangst.
Sie stört nichts als die Friedhofsruhe.

Ob es ein Weiterleben nach dem Tode gibt?
Sieh dich doch an.

Kinder fürchten keinen Tod.
Daher werden Alte kindisch.

Fast jeder macht uns durch seinen Tod trauriger,
als er uns im Leben froh machte.

Diktaturen brauchen erst einmal
Todeskandidatenschutzgesetze.

Niemandem kommst du so nahe
wie deinem Todfeind.

Fortschritt heißt nicht, nach dem Tode weiter zu sein
als vor der Geburt.

Der Tod ist nicht die häufigste Form, nicht zu leben.

Christentum ist die Tugend,
aus dem Tod eine Jugend zu machen.

Der kleine Tod? Wir haben immer nur das eine Ziel,
keins mehr zu haben.

Ist der Tod die Sonne des Lebens?
Belebend wirkt er nur aus der Ferne,
und man kann ihm nicht ins Gesicht sehen.

Für Ärzte ist der Tod die natürlichste Sache
der Welt.

Der liebe Gott fragt uns bis zum Tode
die Seele aus dem Leibe.

Oft schützt nur eine chronische Krankheit
vor dem Tod.

Der Tod schließt dir nur die Augen,
die erst das Alter dir öffnet.

Jeder stand seinem Tod noch nie so nah
(und seiner Geburt so fern) wie jetzt.

Ein Christ erwartet vom Tod mehr,
als das Leben geben kann.

Die Würde des Menschen wird angetastet
bei Geburt und Tod, von wem?

Die sieben Todsünden bestehen nun darin,
sich Lebenshilfen zu nennen.

Auch Todesangst schreibt Bücher gegen sich.

Vor Gott, der uns vereinzelt, waren wir einst
gleicher als vor dem Tod, der uns nur noch trennt
und atomisiert.

Wer noch im Alter lernt und sich dressiert,
will für den Tod fit bleiben.

Zeitgenossen hoffen, dass sie nach dem Tod
kein ewiger Vater erwartet.

Erst nach dem Tod wirst du zu den Dingen gehören,
die dir jetzt gehören.

Schließt nicht von schwerer Geburt auf leichten Tod
oder von böser Zukunft auf glückliche Kindheit!

Wie viele Todesschreie sind Wiedergeburtsschreie?

Große werden nach dem Tod vergessen,
Kleine vorher.

Das sicherste Mittel gegen Todesangst
war immer Mordswut.

Der Tod besteht aus einem Leben nach dem andern,
das Leben aus einem Tod nach dem andern.

Das moderne Alter ist die Pubertät des Todes.

Scheinheilige im Leben fürchten den Scheintod
im Sarg.

Todesstrafe steht nur auf Bereicherung der Armen
auf Kosten der Reichen.

Die Schöpfung ist ein Todesurteil
über all unsere Urteile.

Stirbt man, obwohl man weder Leben noch Tod
verdient hat?

Ich kam zu spät. *Ich sah* zu.
Man siegte sich zu Tode.

Deine Zukunft kommt vor dem Tod,
deine Vergangenheit kam nach der Geburt.

Zeitweilige Todesangst flieht in ewigen Fortschritt.

Der Orgasmus ist die beste Maske des Todes.

An Urnen gibt der Tod wahllos
die Stimme der Natur ab.

Volle Tasche dämpft Todesangst besser
als leere Kirche.

Der Tod des Individuums vollzieht sich heute auch
durch Individualismus und Individualisierung.

Religion ist Todeskampf ums Da(bei)bleiben.

Liebe deine Todfeinde, das Wahre, Gute, Schöne.

Man hält besser seine Todesarten etwas artgerechter.

Gottesfurcht : Gleichgewicht
von Lebensangst und Todesangst.

Durch Neugier wird Todesangst erträglicher
als Höllenangst.

In Kultur werden Geschmacksurteile Todesurteile.

Nie Leid und Schuld und Tod vergessen zu lassen,
ist auch eine Art, sie zu verdrängen.

Wer dem Kerker entweicht,
findet sich im Lager seiner Todfeinde.

Sind alle Mächtigen tot,
ist der Tod noch genauso allmächtig.

Die Todesstrafe für alle lässt sich so wenig
abschaffen wie die Lebenslust einführen.

Nach der Geburt ist vor dem Tod
und nach dem Tod wie vor der Geburt.

Kommen nach dem Tod die Artigen in ewige Langeweile und die Unartigen in ewige Drecksarbeit?

Vom ewigen Leben kennt man letztlich nur den Tod

Ein ausgeglichener Mensch hat so viel Lebensangst
wie Todesangst.

Der Tod ist meist das Ende von etwas,
das selten anfing

Der Sinn des Todes ist der Starrsinn des Lebens.

Inbegriff von Tod : Alles ist eins und nichts.
Allgemeinheit : Alles ist eins und gemein.

Wie nah muss der Tod schon sein, um alles Tun und
Planen sinnlos zu machen : 50 Tage oder 50 Jahre?

Ist es vom Todestag zum Jüngsten Gerichtstag
länger als von Karfreitag bis Ostern?

Was Jugend und Leben nicht geben,
können Tod und Alter nicht nehmen.

Ein Greis besiegt Todesangst durch Demenz.

Alter und Tod rauben weniger, was man hatte,
als was man hätte haben können.

Alles geht in seinem Inbegriff so *zu(m) Grunde*
wie jeder im Tode.

Sorgst du für mein Leben vor dem Tod,
sorgt der Ewige für dein Leben nach dem Tod.

Hat der Tod ein Sargbrett vorm Totenschädel?

Den Tod fürchten stets die am meisten,
die zeitlebens vorm Leben flüchten.

Man kann sich nun mit Rentenanspruch vorher
zu Tode schuften oder mit Schrumpfrente später
zu Tode langweilen. Rent a life or yourself!

Du sollst nicht töten,
sondern dich von Todfeinden töten lassen!?

Auch Selbstmörder werden nur getötet
und von Chemie zum Freitod gezwungen.

Legale Sterbehilfe:
zu Tode langweilende Bücher.

Wer nur in der Vergangenheit lebt, wird nicht
wieder jung, sondern nimmt den Tod vorweg.

Todesangst flieht gern in zeitlose Logik.

Deine Vergangenheit ist deine gute alte Zeit,
weil sie am weitesten weg ist von deinem Tod.

Wer ins ewige All aufgeht,
ist schon vor Todesangst gestorben.

Eine Stunde vorm Tod erscheint dir dein ganzes
Leben sehr kurz, eine Minute vorm Tod läuft noch
einmal dein Leben ganz ab (und eine Sekunde
davor vielleicht eine ganze Ewigkeit?).

Wird dein Tod weniger schrecklich sein
als die Zukunft der Welt?

Zwischen Kopfgeburten und Hirntod
verläuft das Geistesleben.

Jede Todesangst fürchtet,
sie bald niemals mehr fürchten zu können.

Auf Lebenstragödie soll Todeskomödie folgen?

Der Tod ist die Nachwelt − ohne mich!

Dasein : Mein Leben ist deinem Tod,
dein Tod meinem Überleben geweiht?

Man fürchtet lebenslang tausend Todesarten
und erlebt meist nur eine ganz kurz.

Aufklärung : Todesstrafe nur durch Arbeitslager.

Seit Shakespeare ist aller Ernst des Lebens
eine blutige Pausenclownerie zwischen
Geburts- und Todestheater.

Darfst du *post mortem* nachleben,
was du vorm Tod nicht weglebst?

Wir wissen mehr vom Leben als vom Tod,
Forscher mehr von Unbelebtem als von sich.

Meine tote Geliebte kommt nie wieder,
doch ihr verhasster Tod immer wieder.

Goethe glaubte, er dürfe im Jenseits fortsetzen,
was er geistig über den Tod hinausplane.

Für Todfeinde baut man sich im Lustschloss
keine Luftkerker.

Alte freuen sich, lange zu leben,
und langweilen sich zu Tode.

Besiegt Todesfurcht Lebensangst?
Ewiges Leben ist ewiges Ableben.

Erst habe ich niemals so richtig gelebt,
und dann kommt auch noch der Tod dazu.

Jeder fürchtet den Tod mehr als den Fortschritt,
der doch Vernichtungsmittel schneller
als Lebensmittel produziert.

Leseratten träumen davon, nach dem Tod
von Bücherwürmern gefressen zu werden.

Bei der Geburt schreit man aus Leibeskräften.
Beim Tode ist auch nicht viel mehr los.

Ein Autor schuftet sich am Schreibtisch
fast zu Tode, damit einige Romanfiguren
etwas lebendiger wirken.

Gibt der Hirntod den Maßstab,
leben auf der Welt gar nicht zu viele Menschen.

Der Tod deiner Eltern macht dich sterblicher
als die Geburt deiner Enkel.

Entweder ist noch nie jemand eines natürlichen
Todes gestorben oder anders als eines natürlichen
Todes.

Gegen allen Trubel des Lebens hilft es weniger,
einmal in den Tod (oder über Leichen) als oft-
mals über Friedhöfe zu gehen.

Der Wunsch nach Unsterblichkeit ist der
Wunsch, den Tod schon hinter sich zu haben,
aber die Chance, wiedergeboren zu werden,
ist nicht größer als die, überhaupt geboren zu
werden.

Letzte Worte vor dem Tod sind schon erste Worte
vorm Jüngsten Gericht.

Die Lebenserwartung steigt : Die Jahre
zwischen Hirntod und Todesfall werden länger.

Die geringste Furcht vor dicken Büchern hat, wer
nicht mehr Angst vorm Tod als vor dem Leben hat.

Der Tod, der sich an uns vergeht,
ist Vergänglichkeit in ihrer unvergänglichsten Form.

Fürchte dich ruhig zu Tode, Todesangst war schon
vielen ein Wiederbelebungsmittel.

Im Alter wird das Leben zur Frage, ob der Tod
der Endpunkt ist oder ein Enddoppelpunkt.

Keiner fürchtet den Tod mehr,
als wer das Leben fürchtet.

Was von uns stirbt, fürchtet keinen Tod.

Am Tod fürchtet man, dass er eher ein Anfang
als das Ende sein könnte.

Der Tod macht so viel Unsinn,
dass das Leben keinen Sinn mehr braucht.

Man glaubt, der Tod sei hart oder fern
und das Leben schwer oder öd.

Kein Christ, der den Tod hinausschiebt,
verkürzt sich das ewige Leben.

Man sollte nicht so jung sterben, dass man den Tod
noch nicht verdient, oder solange leben, dass man
ihn verdient hat.

Todesstrafe fordert, wer sich in Opfer
leichter hineinversetzen kann als in Mörder.

Gib dein Leben hin für deine Vitalität
und mach dich fitter für den Tod!

Gegen Todesangst hilft nur Furcht, die Zeit verkürzt, oder Langeweile, die das Leben verlängert.

Fortsetzung folgt auch ohne Nachfrage ...

Drabble mit Hitze, Truck, pünktlich, Ecke

Jeder Jetztpunkt ist die springende Pünktlichkeit der Zeit, die alle um die Ecke bringt, ob nun durch Trucks oder andere Tricks. "In der Hitze der Nacht" aber werden dann Neubürger gemacht, ob nun Hitzköpfe oder eiskalte Trucker. Diese haben ein lustiges Laster: Laster, deren mittelpünktliche Last Lust bringen will.

An der Ecke steht ein schwerpünktlicher Truck in der Sommerhitze, und Cola-Fracht läuft aus:
Lecken Eckensteher Tic, Trick und Truck aus Ducktown alles auf, um keinen Hitzschlag zu kriegen?
(Bedeuten Doppelpunkte
sogar Doppelpünktlichkeit?)

Nein, es waren gar keine kühlen Cokes, sondern cooler Heizkoks, der da herausgefallen war, endpünktlich und schlusspünktlich!

Ausklang eines fernen Bekannten

„Man wird nicht älter, aber besser." *(Th. Fontane)* Leben auf Sparflamme, als ängstlich Verkrochener, der diese Demütigung, sich stets wegducken zu müssen, verinnerlicht hat, ohne davon zermalmt, sondern provoziert zu werden, dass er Sieg und Heil auf anderen Sport- und Schlachtfeldern suchen soll. Alle auffälligen Extreme meiden, ohne in der goldenen Mitte die Wahrheit, sondern nur Wohnlichkeit zu finden, ein bekömmliches Refugium, um sie wenigen Kräfte zu sammeln zu dem Wenigen, was noch vorm Freitod zu bewahren vermag. Hasenherzigkeit statt Prinz Löwenherz als Biotop für die Rache des Geistes, die Vergeltung auf dem Papier unter dem Panier des Spezialisten für erlesenere Ressentiments. Dieser Berufsfeigling macht runter, was andere können und wollen, weil er es nicht kann und doch liebend gern können würde. Und was er besser kann als diese anderen, muss dann natürlich als wertvoller bewiesen werden als die bevorzugten Domänen seiner Lebenslaufrivalen.
Was jahrzehntelang das Leben erleichterte und sinnreich machte, wird im Alter weniger wichtig, sobald die Ernte sicher eingefahren ist, und darf als Herbst-

laub unbedauert vom Baum fallen. Die wenige verbleibende Zeit in Einsamkeit darf wohl ein heiteres Schweben bleiben, das alles in die Schwebe bringt und in dieser Schwebe hält, solange keine Katastrophe endgültig hilflos macht. Was am Ende noch in den Kopf kommen mag, schreibt sich neugierig nieder und darf in andere Köpfe gehen. Gesprudelt hatte es nie, doch nun tröpfelt es nur noch eben wie bei alten Leuten, die nicht mehr ganz dicht sind und umso mehr vor sich hin schwatzen, je weniger sie mehr zu sagen haben. Gnade, sich selbst und sein Bestes gleichsam überleben (und ruhige Rückschau halten) zu dürfen, ohne alle härteren Nöte. Gefühle großer Dankbarkeit, adressiert an den Schöpfer und die wenigen verlässlichen Mitgeschöpfe und Weggefährten, solange ein wenig *read'n write, walk'n talk* noch bleiben mögen, ohne allen Hochleistungsehrgeiz mehr, ohne überanstrengten Kunstwillen oder Tugendeifer. WUWEI, Tun durch Tu-nix, war der Lebensweg ins gründlich Unergründliche, mehr Schauen als Bauen, passive Passionen statt leidige Aktionen, zwischen Butzenidyllen im Herrgottswinkel und Satiren auf alles Gerenne, Gemache und Getue, im Halbschatten aller Halbherzigkeiten, stets unten übersehen, doch voller Übersicht von oben her – gleichgültig, ob noch ein Lebensjahr oder ein weiteres Jahrzehnt geschenkt würde …

Philosophische Grundbibliothek

Chuang-tsi: „Das wahre Buch vom südlichen Blütenland"

L. Annaeus Seneca : „Briefe an Lucilius"

Michel de Montaigne : „Essais"

Imm. Kant : „Grundlegung zur Metaphysik der Sitten"

S. Maimon : „Versuch einer neuen Logik ... " (1794)

G. Fr. Hegel : „Phänomenologie des Geistes" / „Ästhetik"

Arthur Schopenhauer : „Aphorismen zur Lebensweisheit"

Friedrich Nietzsche : „Menschliches, Allzumenschliches"

Nicolai Hartmann : „Das Problem des geistigen Seins"

Hedwig Conrad-Martius : „Der Selbstaufbau der Natur"

Th. Adorno : „Minima moralia" / „Ästhetische Theorie"

Jean-Paul Sartre : „Der Idiot der Familie"

Hermann Schmitz : „Der unerschöpfliche Gegenstand" /
„Der Weg der europäischen Philosophie"

I.M. Bochenski / A. Menne : „Grundriss der Logistik"

Hans Blumenberg : „Wirklichkeiten, in denen wir leben",
„Die Vollzähligkeit der Sterne"

Übersicht zum Gesamtwerk

Zwischen **Unterschicht**-Herkunft („Herren tut es leid, Knechten tut es weh") und religiösem **Himmelhoch** („Der Ewige und sein Urprojekt", „Neuer Cherubinischer Wandersmann") hier die drei Säulen eines lebenslangen Schreibprojekts:

1. *Tiefenpsychologie der Philosophie* („Wenn die Seele auf den Geist geht", „Heideggers philosophischer Eros")

2. *Satiren* (Essay- und Aphorismenbände)

3. *Idyllen* („Aufsätze zur logischen Form", „Zur Dialektik und Phänomenologie der Natur- und Kulturidyllen" und „Glückliche Idyllen kontemplativen Lebens im Elfenbeinturm")

   Karl Poppers „Drei Welten" : (Idyllische) Physis, (kritische) Ideen und (philosophische) Psyche.

Sekundärliteratur zum Aphorismus

Gerhard Neumann (Hg.): „Der Aphorismus.
Zur Geschichte, zu den Formen und Möglichkeiten
einer literarischen Gattung", Darmstadt 1976

„Ideenparadiese. Untersuchungen zur Aphoristik
von Lichtenberg, Novalis, Friedrich Schlegel und
Goethe", München 1976

Peter Krupka: „Der polnische Aphorismus",
München 1976

Hans Peter Balmer: „Philosophie der menschlichen
Dinge. Die europäische Moralistik", Bern 1981

Harald Fricke: „Aphorismus", Stuttgart 1984

Gisela Febel: „Aphoristik in Deutschland und
Frankreich", Frankfurt/Main 1985

Klaus von Welser: "Die Sprache des Aphorismus",
Frankfurt/M. 1986

Heinz Krüger: „Über den Aphorismus
als philosophische Form", Frankfurt/M. 1988

Werner Helmich: „Der moderne französische
Aphorismus", Tübingen 1991

Stefan Fedler: „Der Aphorismus. Begriffsspiel zwischen Philosophie und Poesie", Stuttgart 1992

Paul Geyer / Roland Hagenbüchle: „Das Paradox", Tübingen 1992, Würzburg 2002²

Thomas Stölzel: „Rohe und polierte Gedanken. Studien zur Wirkungsweise aphoristischer Texte", Freiburg 1998

Lada Lubimova: „Struktur und Funktion des Aphorismus : eine textlinguistische Studie", Bremen 1998

Robert Zimmer: „Die europäischen Moralisten", Hamburg 1999

Michael Esders: „Begriffs-Gesten. Philosophie als Kurze Prosa von Friedrich Schlegel bis Adorno", Frankfurt/Main 2000

Rüdiger Zymner: „Aphorismus", In: Kleine literarische Formen in Einzeldarstellungen, Stuttgart 2002

Friedemann Spicker: „Kurze Geschichte des deutschen Aphorismus", Tübingen 2007

„Die Welt ist voller Sprüche. Große Aphoristiker im Porträt", Bochum 2010

Rolf Friedrich Schuett : „Aphorismus – Philosophischer Gehalt in literarischer Gestalt", 2019